Schirner
Verlag

Jeanne Ruland

Advents- und Weihnachtsrituale

Der Weg in das mystische Herz der Weihenächte

Schirner Verlag

ISBN 978-3-8434-1313-8

Jeanne Ruland:
Advents- und Weihnachtsrituale
Der Weg in das mystische Herz
der Weihenächte

Umschlag & Layout: Anke Müller, Schirner,
unter Verwendung von Bildern von
www.shutterstock.com (siehe Bildnachweis)
Lektorat: Kerstin Noack, Schirner
Printed by: Ren Medien GmbH, Germany

www.schirner.com

2. Auflage Oktober 2018

Dieses Buch widme ich der Großen Mutter,
Mutter Erde, Mutter Maria
sowie allen Müttern und Großmüttern.

Möge dir dieses Büchlein
eine neue Sicht auf die Adventszeit
– die Zeit der Ankunft des Lichts –
schenken in einer Zeit der Liebe.

Inhalt

Vorweihnachtszeit 10

Dezember 12

Das Wesen des Lichts in der Dunkelheit 15

Die Adventszeit 20

28 Tage der Veränderung 24
Die Bedeutung des Lichts 25
Der Adventskranz 26

Der Adventskalender 27

1. Advent – die erste Kerze brennt 33
1. Dezember – 1. Türchen 37
2. Dezember – 2. Türchen 39
3. Dezember – 3. Türchen 41
4. Dezember – 4. Türchen 44
5. Dezember – 5. Türchen 47
6. Dezember – Nikolaustag 51

2. Advent – die zweite Kerze brennt 55
7. Dezember – 7. Türchen 58
8. Dezember – Unbefleckte Empfängnis 61
9. Dezember – 9. Türchen 64
10. Dezember – 10. Türchen 66
11. Dezember – 11. Türchen 68
12. Dezember – 12. Türchen 71
13. Dezember – Luciafest 73
14. Dezember – 14. Türchen 76

3. Advent – die dritte Kerze brennt 78
15. Dezember – 15. Türchen 81
16. Dezember – 16. Türchen 83
17. Dezember – 17. Türchen 86
18. Dezember – 18. Türchen 89
19. Dezember – 19. Türchen 91
20. Dezember – 20. Türchen 93
21. Dezember – Jul (Thomasnacht) 96

4. Advent – die vierte Kerze brennt 101
22. Dezember – 22. Türchen 104
23. Dezember – 23. Türchen 108
24. Dezember – Heiligabend 111
25. Dezember – Weihnachten 117

Die Weihnachts-Checkliste 120

Über die Autorin 125

Bildnachweis 126

Alle Jahre

Dezember

Das Jahr ist alt – es ist vollbracht.
Wir wandern in der dunklen Nacht.
Es ist viel geschehen und vieles versäumt,
wir haben es uns weggeträumt.
Nun ruht sich die Welt unter der Schneedecke aus.
Verzaubert spiegelt sich die Sternennacht,
die Welt verwandelt sich in die Weihnachtspracht.

Der nasskalte November liegt fast hinter uns. Wir lösen uns vom alten Jahr und wandern nun noch tiefer in die Nacht hinein. Kälte umhüllt uns, die Dunkelheit begleitet uns in dieser Zeit – in ihr werden die Lichter des Advents sichtbar werden. Mit dem ersten Advent, der in manchen Jahren noch auf den letzten Sonntag des Novembers fallen kann, beginnt ein neuer Abschnitt.

Spätestens im Dezember kehrt endgültig der Winter ein. Die ersten Schneeflocken fallen vom Himmel und hüllen in unseren Breiten die Erde in eine weiße Decke. Unter dieser Decke kann sich die Erde ausruhen, erholen und neu beleben.

Im Dezember wandelt sich, unmerklich zunächst, das äußere Licht zu einem inneren Licht. Der Blick geht hinauf zu dem oft sehr klaren Winterhimmel, an dem die Sterne funkeln, die unser Schicksal aus der Ferne beeinflussen.

Der die Landschaft bedeckende Schnee reflektiert das Licht, und obwohl nun die Nächte immer länger werden, liegt doch ein gewisser Lichtzauber in der Luft, der uns aufschauen lässt und uns nach innen führt. Er erinnert uns daran, dass wir Mitschöpfer des großen Plans sind und dass ein zauberhaftes Ereignis bevorsteht: die Zeit der Weihenacht, die Wiedergeburt des Lichts und der Liebe.

Das Wesen des Lichts in der Dunkelheit

Mutter Natur wölbt die dunkle Winternacht mit funkelnden Sternen über uns. Die Natur ruht sich unter dem Schnee, tief in der Erde aus, um sich neu zu ordnen. Still liegt das Land, und im Innersten der Dunkelheit wird das Licht wiedergeboren.

Diese Zeit ermöglicht große Heilung. Sie ist von einem inneren Licht erfüllt. Es geschieht in der Dunkelheit, dass wir uns von Krankheiten erholen. Es geschieht in der Dunkelheit, dass wir schlafen und unsere Sorgen wegträumen. Es geschieht in der Dunkelheit, dass Neues entsteht und Altes vergeht. Der Same des Lebens beginnt, in der dunklen Erde zu keimen.

Die Nächte in der Adventszeit werden nun immer länger und die Tage immer kürzer. Es ist Zeit, das Tagwerk langsamer anzugehen, einen Gang zurückzuschalten. Wir wandeln durch die dunkle Jahreszeit, zur längsten Nacht, zum kürzesten Tag. Dieses Naturereignis erreicht an Weihnachten seinen Höhepunkt, es ist die Wende zum Licht hin. Das Licht wird empfangen, damit es sich erneut in der Welt manifestieren kann.

Die Schöpfung und das Leben erneuern sich. Wie groß muss die Liebe des Schöpfers sein, dass er sich immer wieder in die Form ergießt und von Neuem das Leben durchdringt und erblühen lässt?

Zuerst möchte ich mit dir ein neues Bild, einen ungewöhnlichen Gedanken zur Dunkelheit entwickeln. Es ist gut, wenn wir unsere Vorstellungen darüber erweitern.

Ein Mysterium der alten Wege ist die wahre Natur der Dunkelheit. Viele Einweihungen fanden früher in Höhlen, in dunklen, eigens dafür gefertigten Räumen oder in der Nacht statt, weil die Dunkelheit eine besondere Kraft in sich birgt. Das Christuskind wird in einer Höhle, in einem Stall geboren.

Wenn wir in einem dunklen Raum sind, dann werden unsere Schattenaspekte und verdrängten Seelenanteile den Weg zu uns finden, um von uns in unserem Innern erlöst zu werden. Wenn wir weiteratmen, alles vor unserem inneren Auge

Aufsteigende beobachten, mit Liebe berühren und unser Herz weit öffnen, werden wir die Liebe, den Frieden, die Stille, die Weite und das innere Licht entdecken, das alles umhüllt und durchdringt, ewiglich. Das Erwachen der wahren Natur des Menschen beginnt. Die größte innere Kraft wohnt auf unserem tiefsten Grund und ist verbunden mit dem umfassenden Sein, das alles in sich enthält.

Wie im Märchen können wir in dieser Zeit, in der uns äußerlich nichts mehr ablenkt, in die Tiefen unserer Seele eintauchen und wie ein Märchenheld uns dem Schrecklichen und Verborgenen stellen, mit unseren dunklen Seiten ringen, um den größten Schatz unserer eigenen Persönlichkeit zu bergen und freizulegen. Das Geschenk ist ein freies, weites Herz, das lernt, seinen eigenen Weg zu gehen, seine in ihm schon angelegte Bestimmung zu entfalten und in seine wahre geistige Natur zu erwachen.

Ursprünglich erschuf Gott Himmel und Erde und nicht Himmel und Hölle. Diese göttliche Kraft durchdringt und fließt durch die gesamte Schöpfung.

Wenn wir uns die Schöpfung im Detail betrachten, erkennen wir, dass nur die Liebe eine solche Vielfalt bis ins Detail hervorbringen kann. Licht und Dunkelheit gehören zusammen und ergänzen einander wie Mann und Frau. Im Wechselspiel dieser Kräfte entfaltet sich die Schöpfung optimal.

Die gesamte Schöpfung wurde von den Menschen in früherer Zeit geliebt und gehütet, weil sie Gott offenbart. Das Leben ist ein Tanz zwischen Ebbe und Flut, Licht und Dunkelheit, Einatmen und Ausatmen, Himmel und Erde, Tag und Nacht, dem Männlichen und dem Weiblichen. Der Weg in die Dunkelheit war in früherer Zeit ein Weg in den liebenden, vitalen, dunklen Schoß der Mutter (lat. *mater*, verwandt mit *Materie*), aus dem alle Dinge entstehen. Die Natur ist gut und heilig, sie liebt und umarmt alles. Sie bringt alles hervor, was wir für ein Erdenleben brauchen. Sie nährt uns und löscht unseren Durst an ihren Quellen.

Jenseits der am Tage von der Sonne beleuchteten Erdatmosphäre herrscht überwiegend Dunkelheit. Der Kosmos befindet sich nicht unbedingt in einem Gleichgewicht von Dunkelheit und Licht, sondern ist zum allergrößten Teil dunkel.

Wirf doch einmal einen Blick ins Universum. Der größte Teil eines Atoms besteht aus Leere. Es gibt tatsächlich nur wenig »Materie« in der materiellen Welt.

Würde man unseren gesamten Planeten auf die tatsächliche Masse der darin enthaltenen Materie zusammenpressen, würde er glatt in die Spitze eines Berges passen.

Der größte Teil der Wirklichkeit ist also dunkel und leer. Doch so wie die Dunkelheit nicht böse ist, handelt es sich auch hier um keine böse Leere. Die Leere ist die Mutter selbst, voller Liebe, innerem Licht und Fruchtbarkeit. Alles kann aus ihr geformt werden.

Die heutige Verachtung für die Dunkelheit drückt sich recht subtil aus: »Wo viel Licht ist, ist viel Schatten.« Das ist, als würde man sagen, ein schöner Nachthimmel sei nur deshalb gut, weil er uns hilft, den Taghimmel mehr zu lieben.

Beginnen wir, beide Kräfte gleichermaßen zu ehren, dann können wir tanzen und uns im EINKLANG mit der Welt wiederfinden. Habe keine Angst vor dem Universum und der Dunkelheit! Sie legt ihren Mantel der Ruhe und der Kraft um dich. Sie wiegt, tröstet, heilt und nährt dich, und sie hilft dir dabei, in deinem inneren ewigen Licht zu erwachen.

Wie ist dein Bezug zur Dunkelheit? Halte dich ruhig mehr in der Dunkelheit auf, nimm sie bewusst wahr. Du wirst bemerken, dass die Dunkelheit gar nicht so dunkel ist.

In diesem Sinne wandern wir in der Adventszeit zum Ursprung der Existenz, um neu zu schöpfen und mitzugestalten, um unserem Leben eine Wende und neue Kraft geben zu können. Es ist eine Zeit der inneren Einweihung. Diese Zeit enthält einen ganz besonderen Zauber. Die Engel, die Meister, die Heiligen und die Naturwesen sind in dieser Zeit besonders nah an der Erdenebene, um uns zu führen, zur Seite zu stehen und uns in diesem inneren Wandlungsprozess zu helfen. Wir können uns jederzeit an sie wenden und mit ihnen lichtvoll wandeln.

Wir wenden uns nach innen, um zu reflektieren, alte Dinge abzuschließen, uns zu erholen, aufzuladen und das Licht, das in der dunkelsten Nacht des Jahres wiedergeboren wird, für eine weitere Erdenrunde zu empfangen. Die Weihnachtszeit ist die zauberhafte Zeit der Liebe.

Nimm dir vor, jeden Tag mindestens 15 Minuten mit dir alleine zu sein und still zu werden, achte in dieser Zeit verstärkt auf deine Träume und Eingebungen.

Die Adventszeit

*Advent, Advent, ein Lichtlein brennt.
Erst eins, dann zwei, dann drei, dann vier,
dann steht das Christkind vor der Tür.
(volkstümlich)*

Die Adventszeit verbindet mich in jedem Jahr aufs Neue mit dem Zauber meiner Kindheit. Für uns Kinder war diese Zeit immer aufregend und spannend. Der Nikolaus kam, es wurde gebacken, und das Haus duftete nach Weihnachtsgebäck. Ob zu Hause, im Kindergarten, in der Schule, überall hing ein Adventskalender, der für jeden Tag eine Überraschung bereithielt. Wir besuchten die Weihnachtsmärkte, und ein Klang- und Duftzauber umwehte uns.

Die Hoffnung, unsere geheimen Wünsche vom Christkind erfüllt zu bekommen, trug uns freudig durch diese Zeit bis zum Heiligen Abend. Wir besuchten unsere Verwandten und verbrachten Zeit mit der Familie. Überall gab es Geschenke und Überraschungen. Ich liebe diese Zeit, weil sie sich heute aus den Erinnerungen meiner Kindheit für meine Kinder webt.

Das Wort »Adventszeit« leitet sich vom lateinischen *adventus*, »Ankunft«, ab. Wir erwarten die Ankunft des neuen Lichts, das in der dunkelsten Nacht am 21. Dezember wiedergeboren wird und drei Tage, bis zum 24. Dezember, braucht, um sich zu stabilisieren.

Die Adventszeit ist die Vorbereitungszeit auf das neue Licht, das gebührend empfangen und gefeiert werden will. Diese Zeit dauert 22–28 Tage und hat immer vier Sonntage, an denen jeweils eine weitere Kerze entzündet wird.

Schon in alten Zeiten lag die Geburt des Lichtkindes im Zeitraum vom 21. Dezember bis 24 Dezember. In vorchristlichen Zeiten wurde die Ankunft des Sonnenkindes gefeiert, heute feiern wir die Geburt des Christuskindes.

Die Wiedergeburt des Lichts war zu allen Zeiten eine heilige Zeit. So wurden bereits in vorchristlicher Zeit im germanischen Kulturraum die Julnächte oder das Julfest gefeiert. Vom Licht der Sonne hängt das Leben ab. Dieses neue Licht will auch in uns empfangen werden, damit wir es in eine neue Zeit tragen können.

Bräuche und Riten haben sich verändert, doch das Zeitgeschehen ist immer gleich geblieben, weil es sich an kosmischen, immer wiederkehrenden Kräften orientiert – am Stand der Sonne, des Mondes und der Erde. Es verbindet uns mit den großen Kreisläufen und wiederkehrenden Zyklen dieser Erde und des Lebens und bindet uns ein in das Rad des Seins.

Es gibt um diese Jahreszeit viele Bräuche, die viel älter sind und in unsere christlichen Riten eingebunden wurden. In dieser Zeit fühlen wir die Kraft unserer Ahnen und unserer Wurzeln auf gute und segensvolle Weise. Für sie wurden in dieser Zeit die Lichter entzündet. Wir sind Teil eines großen Kreislaufs von den Menschen, die vor uns kamen, denen, die mit uns sind, und denen, die nach uns sein werden. Wir werden eines Tages in der Reihe der Ahnen stehen.

Was möchten wir unseren Nachfahren mitgeben?

Wie können wir sie stärken auf ihrem Weg?

Welche guten Kräfte, Talente und Fähigkeiten tragen unsere Mitmenschen und Kinder in sich?

28 Tage der Veränderung

In der Adventszeit durchlaufen wir einen Prozess von 28 Tagen. Vier mal sieben ist 28. Dies entspricht einem Mondzyklus, in dem sich Kräfte abbauen und wieder aufbauen. Die Adventszeit eignet sich hervorragend dafür, alte Muster, die uns nicht mehr dienen, gehen zu lassen und neue, positive Glaubensmuster aufzubauen.

Welches alte Muster möchtest du loslassen? Durch welchen Glaubenssatz soll es ersetzt werden? Wende eine positive Affirmation an jedem Tag bis Weihnachten an.

Die Bedeutung des Lichts

Feuer, Flamme, Licht, Feuer, Flamme, Licht …

Zur Adventszeit gehören vor allem Feuer, Flamme und Licht, und dies schon seit Jahrtausenden. Die Feuer wärmten unsere Vorfahren und brachten sie zusammen, um in ihrem Licht und ihrer Wärme Geschichten und altes Wissen weiterzugeben. Flammen, früher in Form von Fackeln, halfen, den Weg zu finden, und Lichter beleuchteten die Dunkelheit und schenkten Hoffnung auf Wiederkehr. Wir haben heute die vier Adventskerzen sowie viele Lichter am Weihnachtsbaum. Fenster und Wohnstuben werden beleuchtet und zum Teil die Gärten und die Städte. Je dunkler die Nacht, desto mehr Lichter erleuchten die Straßen.

Der Adventskranz

Der Brauch des Adventskranzes ist sehr alt. Er stellt das Rad des ewigen Lebens und den Sieg des ewigen Lichts dar. Er hat etwas mit dem Ahnen- und Totenkult unserer Vorfahren zu tun, die ihre Ahnen in alten Zeiten aufsuchten, um Beistand, Hilfe und Segen zu erbitten.

Der Adventskranz wurde in früheren Zeiten anders verwendet. Man zündete zu Beginn der Zeit alle vier Kerzen an, und mit den kürzer werdenden Tagen der folgenden Wochen löschte man jeweils eine Kerze, um so die zunehmende Kraft der Dunkelheit zu erfahren und abschließend die Wiedergeburt des Lichts gebührend feiern zu können.

Der Adventskranz wird aus immergrünen Zweigen gebunden und symbolisiert das Schicksalsrad, das in dieser Zeit neu ausgelotet wird, die vier Wege, die vier Himmelsrichtungen und die vier Hauptkräfte im Universum. Er steht auch für den Prozess der Schöpfung, der Materialisation. Er sagt uns: »Was wir säen, werden wir ernten, und was wir in den großen Kreislauf geben, kehrt zu uns zurück.« Die Weihnachtszeit ist eine alchemistische Zeit, die mit den Schicksalsmächten und Schöpfungskräften in Verbindung steht. Heute basteln oder kaufen wir einen Adventskranz und zünden jeweils zu den vier Sonntagen vor Weihnachten eine Kerze mehr an.

Der Adventskalender

Der erste Adventskalender wurde vermutlich um 1851 hergestellt. Man hängte 24 Bilder an die Wand oder malte 24 Striche an die Tür, die als Zählhilfe dienten bis zum Tag der Wiedergeburt des Lichts bzw. der Geburt Christi. Der heute übliche Adventskalender beginnt mit der Zählung am 1. Dezember und endet am 24. Dezember. 24 kleine Überraschungen versüßen die Vorfreude auf den Heiligen Abend.

Advent, Advent, ein Lichtlein brennt.

Jeder Tag enthält einen Segen,
öffne die Augen und schaue darauf.
Möge er dich begleiten auf allen Wegen,
bleibe stets heiter und immer gut drauf.

Der 1. Dezember möge dich
an die Einheit in allem erinnern,
am 2. Tag mögest du dich öffnen für
diese segensreiche Zeit,
am 3. Tag mache dich für das Neue bereit.
Am 4. Tag möge dein Herz jubeln und singen
und dir eine neue Vision vom Leben bringen.
Heute ist der Barbaratag, schneide einen Obstbaumzweig,
er bringt Licht und Hoffnung in dein Heim
und schenkt dir ein neues Erblühen im Sein.
Der 5. Tag ist voller Hoffnung und Freude,
du bleibst jetzt im Hier und Heute.
Am 6. Tag dir der Nikolaus eine gute Nachricht bringen mag,
schaue zurück, erkenne den Segen,
der hinter dir liegt auf vergangenen Wegen –
bereite anderen eine Freude,
Hilfsbereitschaft ist wertvoll heute.
Es ist der 2. Advent, an dem die zweite Kerze brennt,
Gegensätze können sich jetzt vereinen,
duale Kräfte müssen sich nicht verneinen.

Am 7. Tag lausche auf die Stimme deines Herzens,
sie bringt dir segensreiche Kunde für eine neue Erdenrunde.
Am 8. Tag kannst du etwas Altes beenden,
am 9. Tag möge dich die Zuversicht tragen,
am 10. Tag kannst du etwas Neues wagen,
am 11. Tag möge dir alles gelingen,
am 12. Tag lasse dein Herz jubeln und singen.
Der 13. Tag schenkt dir Kraft und Frieden,
die dritte Kerze brennt, es ist der 3. Advent.
Feiere das »Wir«, die Gemeinschaft und Liebe –
wer war an deiner Seite?
Wer geht mit dir in eine neue Weite?
Danke und teile deine Liebe,
so wird sie sich mehren und das Leben ehren.
Der 14. Tag öffnet dir neue Türen,
lasse dich davon im Herzen berühren.
Am 15. Tag findest du Tatkraft und Mut –
eine neue Handlung, das tut gut.

Am 16. Tag der Neumond eine Wende bringt,
dir eine frohe Botschaft winkt.
Am 17. Tag die Engel singen
und dir Licht und Liebe bringen.
Am 18. Tag hege gute Wünsche und Gefühle,
bleibe in der Ruhe und in der Stille,
höre auf den göttlichen Willen.
Am 19. Tag dein Schutzengel dir eine Kunde bringen mag,
um den 20. Tag ist der vierte Advent,
sieh, die vierte Kerze brennt –
nun ist Weihnachten nicht mehr fern,
freue dich, lasse leuchten deinen Stern.
Heute, am 21. Tag, in der Julnacht in alten Zeiten,
räucherte man und machte sich bereit,
das neue Licht, das jetzt anbricht,
in dieser Nacht zu empfangen und zu ehren,
und Altes vor die Tür zu kehren.
Höre das Flüstern deiner Seele,
erkenne die Zeichen, Orakel in dieser Nacht,
und wähle aus der Fülle eine strahlend neue Hülle.
Der 22. Tag – nun ist es bald so weit,
genieße die Tage der Vorweihnachtszeit,
am 23. Tag steigt die Spannung an,
was bringt nur der Weihnachtsmann?
Am 24. Tag die Wohnung im neuen Glanz erstrahlen mag,
öffne dich für das Mysterium des Lichts.
Lasse es ein in dein Herz ganz weit –
verzeihe, vergib, und mache dich bereit.
Du hast es verdient, glücklich, geliebt und gesund zu sein,
lasse Licht und Liebe in dich hinein.

Der ewige Baum erstrahlt im Glanz,
deine Seele ist heil und ganz –
empfange den Segen,
den goldenen Regen,
und teile ihn mit der ganzen Welt,
ein neues Licht diese Erde erhellt.
Christus ist in die Welt geboren, erinnert uns an das ewige Licht
und daran, dass ein neuer Tag anbricht.

Am Heiligen Abend ist das größte Geschenk
das Licht der Liebe, das jeder empfängt.
Das große Geheimnis segnet dich heute,
teile und feiere mit großer Freude.
Ehre die Schöpfung, die ewige Quelle
an jedem Ort und an jeder Stelle.

Nun beginnen die heiligen Nächte –
lausche dem Raunen, dem neuen Lichtsamen,
er regt sich jetzt in der dunklen Zeit,
das neue Jahr macht sich bereit.
Bis zum 6. Januar erfährst du,
was kommt, was ist, was war.
Kannst du das Schicksal neu aushandeln
und alte Dinge in Glück verwandeln?
Der Torweg steht offen, schreite hindurch, achte auf die Zeichen,
und stelle die Weichen.

1. Advent –

die erste Kerze brennt

Element Luft
Geistkörper
Die Einheit, der Neubeginn
ICH BIN

Am Anfang war das Wort. Gedanken werden Worte,
Worte werden Taten, und Taten formen dein Leben.
Der Gedanke ist der Vater der Schöpfung.

Entzünde die erste Kerze.
Es ist das Licht der Einheit, das in allem leuchtet.
Es ist die ewige Flamme in jedem Herzen.

Meine Seele erhebe ich zu dir.
Ich kehre ein in die Kammer meines Herzens,
um dich in mir zu ehren.

Der erste Advent ist der Beginn der Vorweihnachtszeit. Mit der ersten Kerze beginnt in der katholischen und evangelischen Kirche das neue Kirchenjahr.

Für unsere Vorfahren war es der Beginn einer neuen Zeit, in der man sich für das Empfangen des ewigen Lichts bereit machte. Man kehrte und räucherte die Stube und machte es sich zu Hause gemütlich. An diesem Tag werden überall für die nächsten vier Wochen die Weihnachtsmärkte eröffnet.

Der erste Advent ist eine gute Gelegenheit, sich in den inneren Raum zu begeben, mit seinen Seelenführern in Kontakt zu treten, das vergangene Jahr zu reflektieren und zu beginnen, eine neue Vision für das neue Jahr zu erschaffen.

Übung: Das Licht der Einheit

Nimm dir heute etwas Zeit für dich. Entzünde eine Kerze in deiner Lieblingsfarbe. Betrachte einige Zeit das Kerzenlicht. Ein kleines Notizbüchlein kann dich durch die nächsten Tage begleiten.

Die Kerze verbrennt das Wachs und wandelt es um in Licht – so wie in unserem Leben nur dieser Augenblick real ist und sich dann in eine in Licht geschriebene Erinnerung wandelt.

Konzentriere dich wieder auf das Licht der Einheit. Konzentriere dich auf die ewige Flamme in deinem Herzen. Nimm wahr, wie sie sich ausdehnt, wie sie um dich herum leuchtet und lodert und alles in deinem Energiefeld auflöst, was für dich nicht mehr wichtig ist.

Lasse das Licht in alles, was dich in deinem Leben umgibt, zur Harmonisierung fließen. Fühle, wie alle Bindungen sich reinigen und klären. Genieße die Ausdehnung des ewigen Lichts in deinem Herzen. Bitte nun deinen Seelenführer zu dir. Nimm ihn wahr. Bitte deinen Seelenführer, dir jetzt eine Botschaft zu übermitteln für die kommende Zeit. Lasse geschehen, was geschehen will. Bleibe eine Zeit lang in der Stille und in dem Licht der Einheit.

Dein Seelenführer zieht sich nach einer Zeit langsam zurück, und du kommst langsam wieder in den gegenwärtigen Raum. Bedanke dich innerlich, und wisse, es ist getan.

Notiere, was dir übermittelt wurde.

Segne die vor dir liegende Zeit.

1. Türchen

1. DEZEMBER

Reflexionen im Lichte des Herzens

Zünde die erste Kerze an, koche dir einen Tee, und nimm dir etwas Zeit: Lege dir einen Zettel bereit.

Beantworte folgende Fragen:

Wer hat dich durch das vergangene Jahr begleitet?
Was waren wichtige, schöne Momente im vergangenen Jahr?
Was waren die Momente des Glückes?
Wofür kannst du danken?
Wem möchtest du mit Jahresabschluss danken und ihm symbolisch etwas schenken oder eine Freude machen?
Was nimmst du mit, was lässt du zurück?
Was möchtest du in deinem Leben ändern?
Welche Richtung möchtest du jetzt einschlagen?

Manchmal ist es gut, sich für die Beantwortung der Fragen etwas mehr Zeit zu nehmen und die gefundenen Antworten zu notieren, weil es dir vieles bewusster machen wird.

Es ist wichtig, die schönen und guten Seiten zu sehen und den Dank zum Ausdruck zu bringen.

Nimm dir Zeit, schreibe an jeden, der für dich im vergangenen Jahr wichtig war, eine Zeile mit aufrichtigen Worten der Liebe und des Dankes, oder lasse es ihn auf deine Art wissen.

Du zauberst damit Kraft und Liebe in die Herzen anderer und vertiefst die Verbindung auch in dir.

2. Türchen

2. DEZEMBER

Der Wunschzettel – Träume meines Lebens

In Wünschen und Träumen versteckt sich die Vision vom Leben.

Heute ist ein Wunschtag. Als Kinder haben wir jedes Jahr Wunschzettel an das Christkind geschrieben und draußen an einen »Feenbaum« gehängt, damit die Wünsche nach oben zum Christkind getragen werden.

HEUTE IST WUNSCHTAG

Du hast nicht nur drei, nein, du hast hundert Wünsche frei. Lege dir in deinem Notizbüchlein hinten eine Liste mit Zahlen von eins bis hundert an. Hundert Wünsche sind eine ganze Menge, und es ist gut, so viele zu haben.

Immer wenn dir etwas einfällt, was du dir für dich selbst wünschst und für andere, notiere es, sodass die hundert Wunschpunkte sich im Laufe der Adventszeit füllen können. Genieße diese Freiheit, und schreibe für dich mögliche und unmögliche Wünsche auf. Habe viel Spaß dabei, und lasse deiner Fantasie freien Lauf!

Heute ist ein guter Tag, den Wunschzettel an das Christkind zu schreiben.

Was ist dein größter Wunsch?
Welcher Wunsch kann sich zu Weihnachten erfüllen?

3. Türchen

3. DEZEMBER

Stimme dich auf die Dunkelheit ein,
wirf einen Blick in den Sternenhimmel.
Fühle die Erfüllung des Schicksals,
das von langer Hand vorbereitet wurde, in dir.

Nimm dir heute Zeit, die Dunkelheit bewusst wahrzunehmen. Wenn der Tag sich dem Ende neigt, gehe hinaus. Lasse dir Zeit, die Dunkelheit zu betrachten. Wie empfindest du sie? Was bedeutet sie für dich? Merkst du, dass die Dunkelheit gar nicht so dunkel ist, wie wir meinen?

Nimm die Dunkelheit ganz bewusst wahr. Fühlst du, wie du mit dem Verschwinden des Tageslichts, wenn es kühl wird, mehr nach innen zu schauen und zu reflektieren beginnst? Auch dies gehört in die Adventszeit – das zurückliegende Jahr zu reflektieren, uns Zeit zu nehmen und zu schauen, was es uns gebracht hat. Schaue auf das Jahr zurück. Fühle in die einzelnen Monate hinein.

Wie ist es dir letztes Jahr um diese Zeit ergangen,
wie im Januar, Februar …?
Was hat sich getan in der Abfolge der Monate?
Was waren die Wendepunkte in diesem Jahr?
Was hast du gelernt, woran bist du gewachsen?
Was hat sich verändert?
Wenn du das Jahr unter ein Motto stellen könntest,
welches Motto würdest du dem Jahr geben?

Mache dir bewusst, dass du ein Jahr weitergegangen bist, jetzt an einem neuen Punkt stehst. Notiere dir kurz deine Eindrücke und das Motto des alten Jahres.

Der Weg der Dunkelheit ist der Weg durch die Nacht.

Träume, Ahnungen, Visionen, die Balance der Seele sind jetzt der Weg.

Übung: Lange Nächte – Zeit zum Träumen

Bereite dich auf den Schlaf vor.

1. Lasse den Tag an dir vorbeiziehen, und verarbeite ihn, bevor du ins Bett gehst, dann hast du die Kraft für deine Träume und Visionen.
2. Setze dich mindestens fünf Minuten vor eine Kerze. Konzentriere dich nur auf ihr Licht.
3. Wasche deine Füße, und schaue, dass sie schön warm sind.
4. Lege dir ein Traumtagebuch oder dein Adventsnotizbüchlein mit einem Stift neben das Bett.
5. Bitte die Geistige Welt vor dem Einschlafen um einen Traum, der dir Kraft, Liebe und Heilung schenkt.
6. Konzentriere dich fünf bis zehn Minuten auf einen Kristall, und halte das kristalline Licht so lange, bis du einschläfst. Das fördert Klarträume.
7. Bevor du am Morgen die Augen öffnest, lasse die Nacht kurz nachwirken. Welche Eindrücke und Gefühle hinterlässt sie in dir? Notiere dir das kurz.

4. Türchen

4. DEZEMBER

Der Tag der heiligen Barbara – Tag der Weissagung

O heilige Barbara, du edle Braut!
Dir sei Leib und Seele anvertraut;
Sowohl im Leben als im Tod.
Komm mir zu Hilfe in letzter Not,
Und reiche mir vorm letzten End'
Das allerheiligste Sakrament.
(Gebet an die heilige Barbara)

Der Barbaratag zählt zu den Orakeltagen im Advent. Zünde ein Licht für ein langes glückliches Leben und deinen Übergang an, und bitte, dass dieser sanft und gut sein wird, wenn deine Zeit hier auf der Erde beendet ist.

Wie sich die Knospen des Barbarazweiges
bis Weihnachten öffnen,
so soll sich auch der Mensch dem kommenden Licht auftun.
(Johann Georg Fischer)

In alter Tradition gehen die Frauen um Mitternacht oder in der Früh zu einem Obstbaum (Apfel, Kirsche, Birne, Pflaume …) und schneiden Zweige ab, die dann ins Wasser gestellt werden. Die Knospen sollen bis zum Heiligen Abend aufblühen und so das neue Leben in die Wohnung bringen. Das Leben hört mit dem Tod nicht auf. Es erneuert sich immer wieder. Erblühen die Zweige, so wird dies als gutes Omen gedeutet, weil es Glück bringen soll.

Man kann mehrere Zweige zu bestimmten Themen in die Vase stellen. Die Zweige, die erblühen, werden auch die Wünsche im neuen Jahr wahr werden lassen.

Als Hochzeitsorakel wird beispielsweise für jeden potenziellen Ehepartner ein Kärtchen an einen Zweig gebunden. Der Zweig, der erblüht, verweist auf den rechten Anwärter. Die Anzahl der Blüten kann man für die freien Wünsche im neuen Jahr werten.

Du kannst auch auf deine Weise orakeln.

Barbara im Klee, kommts Christkind im Schnee.
St. Barbara mit Schnee, im nächsten Jahr viel Klee.
Knospen an St. Barbara, sind zum Christfest Blüten da.
(Bauernregeln)

Wissenswertes über die heilige Barbara

Die heilige Barbara lebte der Überlieferung nach in der Spätantike und bekannte sich gegen den Willen ihres Vaters zum Christentum. Er sperrte sie daraufhin in einen Turm, und als sie floh, klagte er sie bei der Obrigkeit an. Auf dem Weg ins Gefängnis blieb ein Zweig an ihrem Gewand hängen. Sie stellte ihn in Wasser, und er erblühte an ihrem Todestag, als ihr Vater sie eigenhändig enthauptete. Die heilige Barbara ist das Symbol für Wehr- und Standhaftigkeit und für das ewige Leben.

Sie gehört zu den 14 Notheiligen und ist die Schutzpatronin der Bergleute, Geologen, Schmiede, Maurer, Steinmetze, Dachdecker, Elektriker, Architekten, Artilleristen, Pyrotechniker, Feuerwehrleute, Totengräber, Zimmerleute, der Mädchen und der Gefangenen. Sie wird gegen Gewitter, Feuergefahr, Fieber und plötzlichen Tod angerufen. Ihr Gedenktag ist der 4. Dezember. Es gibt zahlreiche Riten und Bräuche ihr zu Ehren.

5. Türchen

5. DEZEMBER

Der Abend vor dem Nikolaustag

Ihr Kinder, stellt die Schuh' hinaus,
denn heute kommt der Nikolaus;
und wart ihr immer gut und brav,
dann lohnt's euch Nikolaus im Schlaf.
Er bringt euch Äpfel, Feigen, Nüss'
und gutes Backwerk, zuckersüß;
doch für das böse, schlimme Kind
legt er die Rute hin geschwind.
(Volksmund)

Am Vorabend des 6. Dezember bereitet man sich auf den Besuch des Nikolaus vor. Man stellt die Stiefel vor die Türe, lernt fleißig ein Lied oder Gedicht, das man dem Nikolaus vortragen kann, falls man ihm begegnen sollte.

Während heutzutage Schokolade, Mandarinen und Geschenke am Nikolaustag dominieren, waren Nüsse, Plätzchen und Äpfel bereits in alten Zeiten Nikolausgaben.

Früher nahm der Mensch nicht nur von der Natur, sondern er gab ihr auch etwas zurück. Die Natur versorgt uns das ganze Jahr. Im Winter ist es so, dass wir die Natur mitversorgen können, indem wir mit ihr teilen, was wir haben. Nüsse, Körner, Milch, Äpfel wurden einst für die Tiere und Naturgeister vor die Tür gestellt, damit sie in der kalten, dunklen Zeit etwas zu essen hatten.

ÄPFEL UND NÜSSE ALS GABEN HABEN EINE GANZ ALTE BEDEUTUNG

Walnüsse und Haselnüsse stehen mit den Ahnen in Verbindung. Sie helfen bei der Wunscherfüllung.

Äpfel sind die Früchte der Liebe. Sie stehen mit der Göttin der Liebe und der Fruchtbarkeit in Verbindung und werden dem Feenreich zugeordnet. Die Feen bestimmen über unser Schicksal. Es ist wichtig, sie gütig zu stimmen, damit sie unser Schicksal zum Glück hin lenken. Jeder von uns hat eine Geburtsfee.

Früher suchte man die alten Kräfte, die Göttin der Liebe, die Feen und Ahnen für Rat und Segen auf und brachte ihnen Nüsse und Äpfel.

Vielleicht magst du dem Nikolaus helfen und Nüsse, Orangen und Schokolade verteilen?

Reinige und fege dein Haus, damit der Segen Platz findet.

Stelle heute etwas für die Natur hinaus. Hänge Vogelfutter auf. Gib der Natur etwas zurück. Bedanke dich für die kleinen und versteckten Segnungen, die du das Jahr über erhalten hast, und vergiss nicht, die Stiefel vor die Türe zu stellen und die Geistige Welt um eine lichtvolle Überraschung zu bitten.

Sei heute großzügig, und verschenke, was du geben kannst.

I love your Santa
You are the best Santa
love love love Santa
Santa you are the Best

Nikolaustag

6. DEZEMBER

Lieber heiliger Nikolaus,
komm doch heut in unser Haus.
Lehr uns an die Armen denken,
lass uns teilen und verschenken.
Zeig uns, wie man fröhlich gibt,
wie man hilft und wie man liebt.
(Unbekannt)

Heute kommt der Nikolaus auf die Weihnachtsmärkte, zu manchen Kindern auch nach Hause. Man singt ihm ein Lied oder sagt Gedichte auf, preist seine Taten und freut sich an den Geschenken, die er bringt. Er fragt, was man Gutes getan hat. Der Nikolaus hebt das Gute im Menschen hervor, um es zu stärken.

Nimm dir etwas Zeit, und überlege dir, was du in diesem Jahr für andere getan hast.

Wo hast du anderen geholfen?
Was hast du für andere getan?
Was hast du für dich selbst getan?

Welche Nuss hast du noch zu knacken?
Was könntest du noch ausgleichen oder verzeihen,
damit du es nicht mit in das neue Jahr nehmen musst?

Wem möchtest du heute am Nikolaustag eine Freude machen? Mit wem möchtest du deine Talente, Fähigkeiten und Gaben teilen?

Orakele heute. Lobe und preise auf deine Weise die Natur.

Übung: Der goldene Segensstrom

Gehe in die Stille. Verbinde dich mit der Schöpfung, und öffne dich für den Segen, den sie über dich ergießt. Lasse den goldenen Segensstrom in alles hineinströmen, womit du sichtbar und verborgen verbunden bist. Fühle und erlebe, wie alles ins Gleichgewicht und in Harmonie kommt.

WISSENSWERTES ÜBER DEN HEILIGEN NIKOLAUS VON MYRA

Nikolaus von Myra wurde im dritten Jahrhundert als reicher Sohn in der Nähe des heutigen Antalya in der Türkei geboren. Es sind zahllose Legenden zu seinem Leben und Wirken überliefert.

Er nutzte seinen Reichtum, um Gutes zu tun. Er half den Armen und Notdürftigen unauffällig und unerkannt auf vielerlei Weise. Er rettete Schiffsleute aus Seenot und unschuldig zum Tode verurteilte Menschen, half Kindern und Müttern und stellte, wo immer er konnte, die Gerechtigkeit wieder her.

Er ist einer der populärsten Heiligen und Schutzpatron der Seefahrer, Händler, Reisenden, Kinder, Studenten, Kaufleute und vieler anderer. Er wird bis heute als Wohltäter verehrt. Oft erscheint er mit seinem dunklen Gesellen Knecht Ruprecht, um Gerechtigkeit zu üben. Schlechte Taten werden bestraft, gute Taten werden belohnt. Das Gleichgewicht wird wiederhergestellt. Der heilige Nikolaus ist die Verkörperung von Güte, Mitgefühl und Liebe.

Wir können durch unser Sein auch Güte, Wärme, Liebe und Kraft in das Leben anderer Menschen bringen.

2. Advent –

die zweite Kerze brennt

Element Wasser
Gefühlskörper
Polarität, Yin und Yang
DU BIST

Der zweite Advent steht für die Polarität, für das »Du«. In der Mayasprache gibt es eine Begrüßung, die sinngemäß lautet: »Ich bin ein anderes Du selbst.« Mein Gegenüber ist ein anderer Teil des eigenen Selbst. Alles, was ich meinem Nächsten antue, tue ich in Wahrheit mir selbst an. Im christlichen Sinne formuliert: »Liebe deinen Nächsten wie dich selbst.«

Wir sind alle ein Teil des großen Ganzen, und wenn wir noch weiter gehen, so erlangen wir nach und nach die Erkenntnis, dass wir alle eins sind.

Die Woche nach dem zweiten Advent steht für dein Gegenüber, für Liebe und Mitgefühl und für das Fühlen insgesamt.

Die erste Stufe für die Materialisation ist der Gedanke, die Vision, der Traum.

Die zweite Stufe für die Materialisation ist ein Erweichen- und Wirkenlassen, sodass ein Gedanke nicht nur gedacht, sondern auch gefühlt werden kann.

Fühle deinen Traum so, als sei er bereits in Erfüllung gegangen.

Welche Träume, welche Visionen, welche Wünsche trägst du in deinem Inneren?
Was verändert sich gefühlsmäßig, wenn du dir deinen Traum als bereits verwirklicht vorstellst? Versuche, dies mit allen Sinnen so intensiv und lebendig wie möglich zu fühlen.
Wie sieht dein Traum aus? Wie fühlt sich dein Traum an?
Wie schmeckt er? Wie riecht er? Wie hört er sich an?
Was wird sich für dich verändern, wenn dein Traum erfüllt ist?

Übung

Oft verwenden wir nur einen Wahrnehmungssinn. Übe dich darin, alle Sinne einzusetzen, und dein Leben wird reicher, bunter und vielfältiger.

Was bedeutet Weihnachten für dich?
Wie sieht Weihnachten aus?
Wie schmeckt Weihnachten?
Wie riecht Weihnachten?
Was hörst du zu Weihnachten?
Welchen Klang hat es für dich?
Welche Farben hat das Licht für dich?
Was nimmst du zu Weihnachten besonders intensiv wahr?

Schenke heute den Menschen, die dir begegnen, ein Lächeln, ein liebes Wort, eine heilsame Geste. Liebe, die wir teilen, kommt zu uns zurück.

Wenn dir das Bild, das du von Weihnachten abgespeichert hast, nicht gefällt, beginne damit, es zu verändern, es neu zu erleben. Es liegt an dir, wie du diese wundervolle und zauberhafte Zeit erlebst, gestaltest und erfährst.

7. Türchen

7. DEZEMBER

Geschenke des Herzens
Schenken heißt »von Herzen geben«.

Wenn wir schenken, ist es gut, von Herzen zu schenken, und nicht, weil man es halt so macht. Oft kaufen wir irgendetwas, ohne einen Bezug dazu zu haben, und verschenken es.

Dieses Geschenk steht dann bei einem anderen herum und kann ihn unter Umständen mehr belasten, als dass es ihm Freude bereitet.

Ein wahres Geschenk für jemanden können wir dann finden, wenn wir uns Zeit nehmen, den anderen wirklich wahrzunehmen, zu sehen und zu fühlen.

Eine kleine Übung aus dem Herzensraum, um das Geschenk des Herzens zu entdecken

Nimm dir Zeit, koche dir einen Tee, und zünde eine Kerze an. Nun nimmst du dir Zettel und Stift und schreibst auf, wem du ein Dankeschön oder eine Freude zum Heiligen Abend bereiten willst und wer dich wirklich durch dieses Jahr begleitet hat. Betrachte deine Liste.

Nun konzentriere dich auf die Kammer in deinem Herzen. Du kannst dir einen wunderschönen inneren Garten vorstellen. Dies ist dein ganz persönlicher Rückzugsraum. Hier gibt es einen Ort der Begegnung.

Bitte nun die Personen, die auf deiner Liste stehen, nacheinander an diesen inneren Ort. Betrachte sie, und fühle die Verbindung im Herzen. Erscheinen sie, so frage, womit du ihnen eine echte Freude machen kannst, und warte, was sie dir zeigen, was du hörst, was du fühlst, was du siehst, was du riechst oder schmeckst.

Notiere dir dies kurz.

Bedanke dich bei der Person von Herz zu Herz, und lasse den Strom des Segens fließen.

Komme wieder an deinen äußeren Ort zurück.

Manchmal kann es sein, dass dir in den folgenden drei Tagen plötzlich etwas einfällt oder dir beim Einkauf etwas ins Auge fällt. Dies sind oft die Nachwirkungen einer solchen inneren Übung.

Diese erweiterte Art der inneren Wahrnehmung braucht etwas Übung, doch es ist sehr verblüffend, wie oft die Geschenke genau das Herz des anderen berühren.

Geschenke müssen nichts Materielles sein.

Es können gute Wünsche, Dankesworte, Symbole, gemeinsame Zeit, ein Ausflug, ein Gutschein, etwas selbst Gestaltetes, eine Kugel mit einem Segenswunsch oder noch etwas anderes sein.

Unbefleckte Empfängnis

8. DEZEMBER

Ein Marientag

In einigen Ländern, u. a. in Österreich, Liechtenstein, Italien, Spanien und Portugal, ist der 8. Dezember ein Feiertag.

Nach dem katholischen Glauben wurde Maria von ihrer Mutter Anna frei vom Makel der Erbsünde empfangen und geboren und lebte daher ohne Sünde. Nur so konnte sie die Mutter Gottes werden und ihrerseits den Heiland empfangen.

Wir können heute den Segen der großen Mutter erbitten und uns mit der großen Mutter aller Dinge verbinden.

Der Marientag ist ein Fest der Mütter und der Frauen. Früher sollten Frauen an diesem Tag, der aber zugleich der Beginn der Weihnachtsbäckerei war, nicht arbeiten.

Ehre das Weibliche, die Mutter und die Empfängnis! Wir alle kommen durch die Mutter in diese Welt. In alten vorchristlichen Traditionen waren die Nächte vor der Julnacht am 21. Dezember die Mutternächte, in denen die Große Göttin, Mutter Erde geehrt und gefeiert wurde.

Heute ist eine Gelegenheit, die Beziehung zur großen Mutter zu erneuern und ihren Segen zu empfangen. Wenn wir uns geliebt, angenommen und geborgen fühlen, dann gewinnen wir Vertrauen in das Leben und seine Wege. Wir vertrauen darauf, in jeder Situation die richtige Lösung aus der Mitte unseres Herzens zu finden. Es ist an der Zeit, alte Mutterbilder aufzugeben und eine neue Beziehung zur Mutter aller Dinge aufzubauen.

Übung: Der Segen der großen Mutter

Begib dich in die Stille und in den Raum deines Herzens. Bitte nun die große Mutter, dir zu erscheinen. Warte, bis du sie ganz wahrnimmst.

Wie sieht sie aus?
Wie fühlt sich die Nähe der liebenden Mutter an?
Was schmeckst du in ihrer Nähe?
Was riechst du?
Was fühlst du?

Lasse dich ganz in ihr Energiefeld einhüllen. Fühle ihre unendliche und bedingungslose, warme Liebe.

Bleibe zwanzig bis dreißig Minuten in ihrer liebevollen Gegenwart, und lasse zu, dass in alten Mutterbildern nun ein Stück Heilung geschehen kann. Bitte sie einfach um den Segen und um Heilung oder das, was du brauchst. Lasse geschehen, was geschehen möchte. Überlasse dich allein deiner Wahrnehmung, und entspanne dich ganz tief. Wenn du möchtest, kannst du Fragen stellen.

Du kannst auch einen Segensstrom in die Reihe deiner Ahninnen senden, bis zu jener Ahnin, die in ihrer vollen Kraft, Stärke und Größe dasteht. Dies kann sehr weit zurückliegen, doch bei jedem gibt es diese Ahnin in ihrer reinen, vollkommenen Kraft. Bemerke, wie sich dein altes Mutterbild heilsam verändert und du es loslassen, »erlösen« kannst.

Fühle die Liebe, Güte und die Geborgenheit der göttlichen Mutter.

Bedanke dich, und kehre in deinem dir angemessenen Tempo zurück.

9. Türchen

9. DEZEMBER

»Wenn du am Abend nur eine Nuss in deiner Tasche hast, dann war es ein gelungener Tag, der sich gelohnt hat zu leben.«

Nimm einen kleinen Beutel Haselnüsse mit auf den Weg durch diesen Tag. Heute ist die Zeit, den versteckten Segnungen, die im Laufe eines Tages am Wegesrand liegen, mehr Beachtung zu schenken. Für alles, was dir guttut, was dein Herz erwärmt oder dich erfreut, legst du eine der Haselnüsse in deine Tasche. Am Abend zählst du die Haselnüsse und erinnerst dich so bildlich, emotional und sinnlich genau an all die wundervollen Momente des Tages. Nimm sie bewusst wahr, denn sie sind es, die das Leben lebenswert machen.

Zu den positiven Erfahrungen können zählen:

Ein besonderes Gespräch
Ein Kompliment, eine Rücksichtnahme
Ein Dankeschön oder eine kleine Aufmerksamkeit
Eine schöne sinnliche Erfahrung
Etwas, was du heute gut erledigt oder erfahren hast
Etwas, was du heute überwunden hast
Neue Wege, die du gegangen bist
Ein Lächeln, eine freundliche E-Mail, Kinderlachen, eine wunderschöne Naturerscheinung usw.

Führe diese Übung während der ganzen Woche aus, und notiere dir all diese wundervollen Momente.

10. Türchen

10. DEZEMBER

Märchenzeit – Wege der Erlösung

Die meisten Menschen fürchten sich vor der Dunkelheit. Sie löst oft Angst aus, weil sie lange verteufelt wurde.

Die Dunkelheit ist jene Welt, in der die Schöpfung ihren Anfang nimmt. Sie ist die Welt der Fantasie, der Träume und Visionen, der Wünsche und des Verlangens. Sie wohnt am Grunde eines jeden Seins.

Die Dunkelheit ist der Wald im Märchen. Wir durchwandern ihn immer tiefer auf einem Weg, der zu unseren eigenen Licht- und Schattenbereichen führt, damit wir diese wandeln und erlösen können und frei werden für ein Leben in Freude, Güte und Liebe. Welches ist dein Lieblingsmärchen? Welche Märchen fallen dir zu dieser Zeit ein?

Nimm dir heute Zeit, und lies ein Märchen, schaue einen Film an, den du liebst. Lies auch deinen Kindern ein Märchen aus deiner Kindheit vor, oder erzähle es ihnen.

Märchen und Geschichten haben eine eigene Magie. Sie lehren, sich Hindernissen auf kreative Weise zu stellen, Lösungen zu finden, manchmal zu handeln, manchmal abzuwarten, manchmal zuerst ganz andere Aufgaben zu lösen, die mit dem Ziel erst einmal scheinbar nichts zu tun haben.

»Wandlung, nicht Verneinung ist die Waffe eines Meisters.«

11. Türchen

11. DEZEMBER

Tore in eine andere Welt
Berge – Orte der Einweihung

Heute können wir eine Einweihung aus den Meisterebenen empfangen.

Meditation

Fühle den Atem ein- und ausströmen. Begib dich in deiner Vorstellung in deinen inneren Garten. Heute ist ein besonderer Tag.

Elf ist der Torweg, der Weg der Einweihung in einen weiteren Kreis.

Dein Schutzengel erscheint dir. Langsam erhebt ihr euch höher und höher. Du siehst die Welt der Berge unter dir liegen. Bergketten überziehen die Erde. Sie sind Orte der Meister, Heiligen und Eingeweihten. Langsam kommt ihr einem Berg immer näher. Vielleicht ahnst du, welcher Berg dich ruft. Vielleicht erkennst du diesen Ort wieder, vielleicht aber bist du dort noch nie gewesen. Langsam merkst du, wie dein Engel mit dir landet.

Du befindest dich auf der Spitze eines Berges, und vor dir liegt ein großes Tor, das direkt in den Berg hineinführt.

Du wirst von einem Geistwesen erwartet, begrüßt und empfangen. Du kannst es nach seinem Namen fragen.

Schaue dich in dem Tempel des Berges um.

Was nimmst du wahr?
Was riechst du?
Was schmeckst du?
Was fühlst du?
Was siehst du?

Das Geistwesen übermittelt dir eine Botschaft aus der Geistigen Welt für deinen weiteren Weg und überreicht dir ein Geschenk für die weiteren Runden.

Du fragst, ob du etwas für das Wesen tun kannst. Führe aus, was dir gesagt wird. In gegenseitiger Wertschätzung und Achtung verabschiedet ihr euch, und du fühlst, wie dein Engel langsam mit dir zurückreist.

Du verankerst die neue Energie in deinem inneren Garten. Schaue, wie dein innerer Garten sich durch die neue Energie verändert. Die Segnung, die du heute erhalten hast, wird sich in deinem Leben offenbaren. Komme langsam wieder ganz in das Hier und Jetzt zurück.

WISSENSWERTES ÜBER DIE BERGE

Am 11. Dezember 2003 wurde das erste Mal der »Welttag der Berge« gefeiert. Die Berge bedecken 27 Prozent der Erdoberfläche. Sie bestimmen unser Klima wesentlich mit. Aus den Gebirgen kommen Wasser, Energie, Holz, Kräuter und vieles mehr. Alle Gebirge sind über riesige Kristalladern miteinander verbunden. Berge sind, spirituell betrachtet, das Zentrum der menschlichen Existenz. Der Berg symbolisiert die Begegnung von Himmel und Erde, Gotteserfahrung und Aufstieg zum Licht. Viele Berge sind heilig. In alten Mythen und Legenden sind sie der Sitz der Götter, der Meister und der Weisen. Viele Schätze und alte Weisheiten werden in den Bergwelten gehütet. Früher erfuhr der Mensch in der Bergeinsamkeit tiefe Einweihungen in das Sein.

Viele Menschen verbringen Weihnachten und die Weihnachtsferien in den Bergen, um sich zu erholen, zu sich zu kommen.

Was verbindest du persönlich mit den Bergen?

12. Türchen

12. DEZEMBER

Liebe deinen Nächsten wie dich selbst!

Was ist dieses Selbst, das wir so lieben sollen?

In unserem Herzen gibt es eine fünfte Kammer. In ihr leuchtet ein ewiges Licht, aufrecht stehend, ewig jugendlich, strahlend. In den Upanischaden, einer Sammlung philosophischer Schriften des Hinduismus, wird es als daumengroßes Wesen beschrieben. Dies ist das Selbst, das in jedem Herzen leuchtet und uns von innen heraus lenkt. Alles besitzt im Inneren Kraft, sonst könnte es nicht existieren. Lege die Hände auf dein Herz, und spüre das wahre Wesen in dir.

Wenn wir uns selbst verurteilen, nicht annehmen können und uns abwerten, so zieht sich dieses wahre Wesen in uns zurück. Dies ist es, was einen Schmerz in uns auslöst. Es ist wichtig, dass wir beginnen, dieses Selbst in uns und in allen Wesen zu lieben, zu achten und zu ehren.

Selbstliebe, Selbstbewusstsein, Selbstverantwortung, Selbsterkenntnis … erwachsen aus der Beziehung zu uns selbst bzw. zu unserem Selbst.

Pflege und hege die Beziehung zu deinem Selbst. Ehre und achte das Selbst in dir und in anderen. Vertraue dir, deiner Wahrnehmung, deiner Eingebung. Lasse dich nicht mehr fallen, was immer auch geschehen mag. Wenn du merkst, dass du dich selbst abwertest, so sprich: *»Obwohl mir dies oder jenes geschehen ist, ehre und achte ich mich selbst.«*

Es gibt ein unsichtbares Herzensband. Es verbindet dein Herz mit dem Herzen anderer Personen. Liebe ist da, und sie kennt keine Grenzen. Lasse dein Herz weit und warm werden. Stimme dich auf deinen Herzensraum ein. Ehre dein Sein.

Nun nimm den Herzensraum der anderen Person wahr, die Wärme, Güte und Liebe. Übe dich darin, aus diesem Raum zu denken, zu sprechen, zu fühlen, zu handeln.

Übung für den heutigen Tag

Jede Person, die dir heute begegnet oder an die du heute denkst, kannst du mit einem warmen Gefühl im Herzen innerlich begrüßen. Denke an die andere Person, nimm sie wahr, und empfinde dabei ein warmes, liebendes Gefühl im Herzen. Von Herz zu Herz. Jeder und alles hat ein Herz.

Du selbst bist ein Tempel, in dem du Gott treffen kannst.
Die Liebe in deinem Herzen leuchtet unbegrenzt
durch Raum und Zeit.

Luciafest

13. DEZEMBER

Ich bin frei, ich bin frei, ich bin ewig frei.

Das Luciafest wird am 13. Dezember begangen und ist vor allem in Schweden weit verbreitet. Der Name »Lucia« bedeutet »die Leuchtende«, »das Licht«. Lucia bringt das Licht in die Dunkelheit.

Ursprünglich gehörten viele Lichtriten in die vorweihnachtliche Zeit. Man lehrte das Licht, den Geist in allem. Er alleine ist in der Lage, die ursprüngliche Energie, Kraft und Reinheit wiederherzustellen.

Dieser Tag heute kann genutzt werden, um die Engel zu rufen und sie für alle Wunden, die im Energiefeld entstanden sind, um Heilung und Regeneration zu bitten.

Übung

Nimm dir Zeit und Raum, deine Wunden zu pflegen, damit sie heilen können. Atme ein paar Mal tief ein und aus. Bitte nun deinen inneren Heiler und die heilige Lucia, sich bemerkbar zu machen. Bitte sie, alle Wunden in dir nun zu beleuchten. Fühle, sieh und merke, wie diese nun zu heilen beginnen. Lasse dir mindestens 30 Minuten Zeit und Raum für diese Heilung. Führe aus, was dir gesagt wurde. Salbe und öle deinen Körper. Die Wunden, die du anderen bewusst oder unbewusst zugefügt hast, können auch Heilung finden. Vergib dir selbst und dem anderen, indem du um Vergebung bittest.

WISSENSWERTES ÜBER DIE HEILIGE LUCIA

Lucia ist eine Heilige, die sich für den Weg des Glaubens entschied und dafür schwer verwundet wurde. Sie wird meist mit Schwert und Palmzweig, einem Kranz aus Rosen und einer Öllampe dargestellt.

Sie wird bei Augenleiden, Blutfluss, Wundmalen, Halsschmerzen und Ruhr angerufen. Sie ist die Patronin der Armen, der Blinden, der kranken Kinder, der Bauern, der Elektriker, der Glaser, der Näherinnen, der Schneider und anderer. Sie hilft, die irdischen Wunden zu heilen.

In Schweden wird das Fest mit Luciaumzügen begangen. Frauen in weißen Gewändern, mit einem Kranz aus Kerzen auf dem Kopf, singen Lucialieder. Die Feierlichkeiten beginnen am Morgen in der Familie und werden im Kindergarten, in der Schule und am Arbeitsplatz fortgesetzt.

Der Luciatag soll uns an das Licht, das in allem leuchtet, erinnern. Jede Zelle und jedes Atom sind schwingendes Licht.

Auch in der Dunkelheit ist viel Licht. Es ist ein inneres Licht, das Licht unseres Geistes, das Licht der Einheit, das Licht des Bewusstseins, das alles miteinander verbindet.

Die irdischen Wunden sind nicht von Dauer. Jeder von uns hat auf seinem Weg Wunden erlitten, weil er nicht den Vorstellungen der anderen entsprach, unvorsichtig war, verletzt wurde oder verletzt hat … Jeder von uns kann von physischen, emotionalen, energetischen und seelischen Wunden berichten. Manche heilen schnell, manche Wunden brauchen sehr lange, bis sie Heilung finden. Heilung ist möglich, wenn wir uns an das Licht in allem erinnern. Liebe heilt.

14. Türchen

14. DEZEMBER

Vergeben heißt, den Staub und die Spinnweben der Vergangenheit zu lösen und Platz für Neues zu machen.

Vergebung ist die Erlösung vergangener Erlebnisse. Vergebung bedeutet, loszulassen, freizugeben, nicht länger bereit zu sein, wegen vergangener Erlebnisse zu leiden.

Vergebung und Gnade gehören in diese Zeit, um das seelische Gleichgewicht wiederherzustellen. Man schaut tief in den Spiegel der Dunkelheit, lässt alte Szenen aufleben und erlöst die Energie, die darin gebunden ist.

Wir können einer anderen Person vergeben,
um Vergebung bitten
und uns selbst vergeben.

Manche Dinge brauchen Zeit. Doch jeder Weg beginnt mit dem ersten Schritt. Der erste Schritt zur Vergebung ist die innere Bereitschaft.

Übung

Zünde eine Kerze an. Öffne dich im Herzen für die Vergebung.

»Ich bin bereit, zu vergeben. Mir selbst und anderen zu vergeben, befreit mich von der Last der Vergangenheit. Ich vergebe aus tiefstem Herzen und lasse los. Ich überantworte es Gott und den Engeln. Ich bin frei, egal, was war, das Leben neu zu erfahren.«

Schließe deine Augen, und fühle, wie der Energiestrom der Vergebung, Gnade und Umwandlung aus den höchsten Ebenen in dich hineinströmt und in alles fließt, was in dir vielleicht verhärtet, starr und schmerzhaft ist. Erlebe, wie die Energie zu fließen, sich zu erlösen und frei zu werden beginnt.

3. Advent –

die dritte Kerze brennt

Element Feuer
Energiekörper
WIR SIND
Feuer, Flamme, Licht –
Gott, meine persönliche Kraft und die Kraft
meines Unterbewusstseins sind ein unschlagbares Team.

Wir sind jetzt mitten in der Weihnachtszeit. Der Funke von Weihnachten kann nun, wenn wir uns auf den Weg begeben und auf die Qualität dieser Zeit eingelassen haben, auf uns überspringen.

Nun beginnen verstärkt die Weihnachtsvorbereitungen. Plätzchen werden gebacken, das Weihnachtsgeschäft läuft auf Hochtouren, auf den Weihnachtsmärkten tummeln sich die Menschen, Geschenke werden verpackt und versendet, Briefe geschrieben, Musikstücke werden eingeübt, alles wird festlich dekoriert und gestaltet, die Weihnachtsfeiertage werden geplant usw.

Spätestens ab dem 3. Advent rückt der nahende Heilige Abend nun ganz in den Mittelpunkt des Bewusstseins.

1. Advent –

der neue Zeitgeist ist zu spüren,
man stellt sich langsam auf das Empfangen des Lichts ein.

2. Advent –

man reflektiert, schaut nach innen, stimmt sich auf die Zeit ein und auf das, was man in der verbleibenden Zeit bis zum 24. Dezember erledigen möchte.

3. Advent –

Feuer, nun schreitet man zur Tat, um das große Fest vorzubereiten und alles zu erledigen, was für diesen großen Tag noch erledigt werden möchte.

Nimm dir Zeit, und schreibe dir eine Checkliste.

Wen möchtest du in der Weihnachtszeit treffen?
Wie möchtest du Weihnachten begehen?
Was muss noch besorgt und erledigt werden?
Was sollte im alten Jahr noch beendet und abgeschlossen werden?

Plane dir auch inmitten dieser geschäftigen Vorbereitungen Zeiten der Ruhe und Besinnung ein. Verbringe jeden Tag Zeit allein mit dir selbst.

Erlaube dir, in den Raum der Stille einzutreten und den Geist der neuen Zeit zu empfangen.

Segne diese Zeit. Im Segen ist ein unsichtbares, feinstoffliches Licht enthalten, das harmonische Muster hervorbringt. Segne alles, was du tust. Segne jeden neuen Tag, und segne den Tag am Abend.

15. Türchen

15. DEZEMBER

Wer beginnt zu lieben, der verändert sein Schicksal und das Schicksal dieser Welt.

Übung

Zünde heute für alles und jeden, den du liebst, eine Kerze an. Auch für Verstorbene, Plätze, Tiere, Pflanzen, Sterne …

Freue dich darüber, dass du so viel Liebe empfinden kannst. Du kannst dies zu Hause tun oder eine Kirche aufsuchen, in der man Lichter entzünden kann.

Sende bei jedem Licht, das du entzündest, einen Segen, z. B.

Mögest du immer glücklich sein.
Möge es dir gut ergehen.
Mögest du jetzt tiefe Heilung erfahren.
Mögen die Engel dich beschützen.
Danke für deine Liebe und Fürsorge.
Danke für dein wunderbares Licht …

Stelle dir dabei so intensiv wie möglich mit allen Sinnen vor, wie dieser Segen jetzt, in dem Augenblick, in dem du ihn sprichst, geschieht. Halte inne, und genieße das Licht der Liebe, das aus dir für andere strahlt.

Sei abwechselnd für dich und dann wieder für andere da, so wie einatmen und ausatmen, Ebbe und Flut. Auf diese Weise kannst du dein Leben und das Leben in der Gemeinschaft genießen.

16. Türchen

16. DEZEMBER

Wünsche, Träume und Visionen

Wie weit bist du mit deiner Wunschliste?

Woher kommen deine Wünsche, Träume und Visionen? Ist darin nicht vielleicht auch deine Lebensaufgabe, ein Teil deiner irdischen Reise enthalten? Die Freude, die du bei etwas verspürst, ist ein guter Hinweis zur Beantwortung dieser Fragen, und auch wenn etwas leicht für dich ist, zeigt dies dir die Richtung! Hast du hundert Dinge zusammengebracht, die du gerne einmal erleben möchtest? Gar nicht so einfach. Bleibe dran! Gibt es auf deiner Liste Dinge, die dich selbst überrascht haben?

Wenn du einen Wunsch positiv, gegenwärtig, knapp und kurz aufschreibst, dann ist er fixiert. Nun kannst du dir ein Bild basteln mit all deinen Wünschen darauf. Dies bringt beide Seiten deines Wesens zusammen, die rechte, sachliche und die fantasievolle, kreative Seite.

Nimm dir alte Zeitschriften, schneide Bilder der Dinge aus, die du dir wünschst, und klebe sie auf einen Bogen Papier. Genieße den Spaß an dieser Arbeit. Hänge dir das Bild so auf, dass du es gut sehen kannst, und freue dich daran. Wenn du magst, kannst du dieses Wunschbild mit deiner Familie zusammen basteln und aufhängen.

Schaue heute, welche Wünsche und Träume du wirklich für andere, für deine Eltern, Freunde, Kinder zu Weihnachten wahr werden lassen kannst.

Wünsche müssen nicht immer teuer und materiell sein. Zeit miteinander zu verbringen, gemeinsam zu träumen und Spaß zu haben, ist oft viel wertvoller.

Kleine Übung

Nimm dir heute Zeit für jemanden, den du liebst. Höre ihm zu, sei mit ihm zusammen. Einfach so.

Tue heute etwas Gutes. Was du anderen tust, tust du dir selbst. Frage auch deinen Engel, ob du etwas für die Geistige Welt geben oder tun kannst. Führe aus, was er dir eingibt.

Gute Taten könnten sein:

- Jemandem eine Bitte erfüllen
- Ein Päckchen für Bedürftige packen und es an sie weiterleiten
- Jemandem die Hand reichen
- Jemandem etwas Wunderbares sagen, das von Herzen kommt
- Lächeln und sich Zeit nehmen, um zuzuhören
- Gemeinsam etwas unternehmen, was Freude macht
- Einen Herzensbrief an jemanden schreiben
- Dankes- oder Grußkarten an jemanden, bei dem du dich schon lange nicht mehr gemeldet hast, versenden

17. Türchen

17. DEZEMBER

Wichteln – zaubere ein Lächeln auf das Gesicht eines anderen.

Wichtel, Wichtel – Zauberfichtel,
unerkannt sind sie da – wägen ab, was ist, was war.
Tanzen in der Stube herum –
Wichtel, die sind gar nicht dumm.
Bringen nicht unbedingt das, was du wählst,
doch dafür das, was deine Seele braucht,
damit die alte Kraft verraucht.
Wichtel, Fichtel, eins, zwei, drei –
Altes geht, ist jetzt vorbei,
Neues kommt nun in dein Leben,
du kannst auch goldne Fäden weben.

Hast du schon etwas über das Wichteln gehört? In der Weihnachtszeit sind die Wichtel aktiv. Sie huschen unbemerkt hin und her und verteilen Lichtpunkte, Niespulver und Botschaften der Seele, räumen hier und dort energetische Dinge fort, putzen die Stube auf einer anderen, nichtmateriellen Ebene, beseitigen die geistigen Spinnweben.

Sie werden wegen ihres Schabernacks, den sie auch gerne treiben, manchmal nicht gerne gesehen, aber trickst man sie aus, bleiben sie fort. Deswegen stelle ihnen etwas Tabak, Schnaps, Plätzchen und Milch hin, und lasse sie einfach wirken.

Wichteln ist ein Spiel in der Weihnachtszeit, bei dem man anderen Menschen unerkannt eine Überraschung bereitet. Dies kann auf ganz verschiedene Weise geschehen.

Wichteln spielt man unter anderem in Schulklassen, am Arbeitsplatz und in anderen Gruppen. Die Namen der einzelnen Mitspieler werden auf Zettel geschrieben und diese in einen Sack geworfen. Jeder Teilnehmer zieht einen dieser Zettel und lässt sich für die Person, deren Namen er gezogen hat, symbolisch etwas einfallen und stellt eine kleine Überraschung unbemerkt an den Platz der Person.

Man kann aber auch wichteln, indem man Glücksmünzen verteilt, anderen unbemerkt eine Überraschung bereitet oder jemandem unbemerkt eine Engelkarte oder eine Karte mit einer schönen Botschaft zusteckt … Freude vermehrt die Freude.

Sei kreativ. Du kannst heute neue Wege gehen:

Bringe einen Fremden zum Lächeln, wie auch immer du es anstellst. Schaue, wo du jemandem die Hand reichen kannst.

Genieße die ungewöhnlichen Wege, die im gegenwärtigen Augenblick liegen, sie öffnen dich für Neues.

Wichtele heute mit den Wichteln, und freue dich daran.

Räuchere deine Stube, und reinige sie so auch einmal energetisch.

Schaffe Platz, eine Lücke, durch die der neue Geist hereintanzen kann. Du wirst den Unterschied bemerken.

18. Türchen

18. DEZEMBER

Karmischer Rat

Der karmische Rat, zu dem viele Aufgestiegene Meister wie Saint Germain, Lady Portia und Quan Yin gehören, wacht über das persönliche Schicksal, Gruppenschicksale und Erdschicksale. Sein Sitz im Ätherreich liegt im Royal-Teton-Gebiet in Nordamerika. Man kann in Meditationen auf geistiger Ebene dorthin reisen. Er unterstützt dich im Prozess der Lösung von Vergangenem und beim Neubeginn. Die Liebe und der Beistand seiner Mitglieder sind dir gewiss.

Der karmische Rat ist in der Zeit von Anfang Dezember bis Mitte Januar aktiv. In der Zeit von Advent, Weihnacht und Rauhnächten dreht sich das Schicksalsrad, und die Weichen werden neu gestellt.

FREISPRECHUNG

Ich bin eine heile, ewige Seele in einem wunderbaren Körper. Ich danke für die Gelegenheiten und Herausforderungen der Liebe, des Wachsens und der Reifung. Ich danke der göttlichen Kraft für ihre Gegenwart in mir und in allem, was lebt.

Auch wenn mir manche Lektionen noch nicht zugänglich sind, danke ich für das darin verborgene Geschenk.

Ich bitte nun um Hilfe, Kraft und göttliche Führung.

Alles, was in mir, in meiner ewigen Seele noch unerlöst ist, Fesseln, Flüche, Unversöhnlichkeit, Rache, Schuldprogramme, alte Bande, Verstrickungen und Bindungen, Seelenverträge, die mir nicht bewusst sind, Versprechen durch unlautere Methoden, Schwüre, Eide, Gelübde … sind jetzt unwirksam und für alle Zeiten gelöscht, so wahr mir die göttliche Kraft helfe.

Ich verzeihe mir selbst all den Schmerz, den ich auf meine Seele greifen ließ. Ich bitte um Verzeihung für den Schmerz, den ich anderen Seelen zugefügt habe.

Ich verzeihe all jenen, die meiner Seele Schmerz zugefügt haben.

Alles, was mir nicht mehr dient, darf sich jetzt erlösen, befreien und erlöschen. Im Namen der göttlichen Gegenwart.

Ich bin frei, ich bin frei, ich bin ewig frei.

Ich lobe und preise Mutter, Vater Gott und Jesus Christus, der uns freigemacht hat von aller Schuld, Sünde und Krankheit.

Danke

Gib alles, was du in deiner Seele fühlst und was dir nicht mehr dient, in das geistige violette Feuer der Transmutation. Sieh, wie es dich erlöst und freimacht, wie jede Zelle und jedes Atom zu strahlen und hell zu schwingen beginnt, wie du leichter, weiter, frei und fröhlicher wirst. Dies kannst du in dieser Zeit immer und immer wieder tun.

19. Türchen

19. DEZEMBER

Der Segen der Ahnen

Wandlung, nicht Verneinung ist die Kraft der Meister.

Gehe heute in die Natur. Suche die Nähe eines Baumes. Berühre ihn, und fühle, wo seine Kraft jetzt im Winter ist.

Sie ist in den Wurzeln, tief im Inneren von Mutter Erde. Seine Kraft hat sich ganz nach innen zurückgezogen.

Im Dezember schaut man sowohl in den Himmel als auch tief in die Erde – auf die Wurzeln. Sie symbolisieren den unbewussten Teil, alte Glaubensmuster, Familienthemen, Ahnengeschichten und das Urvertrauen. Die Wurzeln sind alle unterirdisch miteinander verbunden und weitverzweigt im Bauch von Mutter Erde. Auch wenn sich äußerlich nichts sichtbar regt, so gibt es in der Tiefe dennoch dieses weitverzweigte Informationsübertragungsnetz. Es überträgt und übermittelt Botschaften. Vielleicht kannst du dieses gewaltige unterirdische Netzwerk fühlen oder wahrnehmen.

Ich war sehr angetan und überrascht, als ich es das erste Mal an einem Dezembertag wahrnahm. Es gibt unterirdische Quellen und Kraftorte, die uns in der Basis versorgen und heilen können.

Viele Dinge wissen wir, bevor wir sie wissen. Sie werden uns aus den Tiefen des Seins zugetragen. Wir fühlen die Veränderungen, lange bevor sie tatsächlich eintreten.

Wenn du zu Hause bist, kannst du ein ewiges Licht für deine Ahnen und all jene, die schon gegangen sind, über Nacht im Garten aufstellen. Ich tue dies im Dezember immer dann, wenn es mir in den Sinn kommt.

Oft träume ich von meinen Ahnen oder bekomme in diesen Nächten Botschaften, die aus irgendeinem Grund wichtig sind. Ich notiere diese, und stelle später fest, dass ich auf bestimmte Ereignisse schon lange vorher vorbereitet wurde.

Ahnung kommt von den Ahnen.

Nimm dir heute Zeit, in der Stille das unterbewusste Netzwerk wahrzunehmen. Fühle, dass alles miteinander verbunden ist.

Bevor du ins Bett gehst, bitte um eine Botschaft.

Wenn alte Ängste oder Schatten kommen, dann ist dies nun eine wundervolle Gelegenheit, sie mithilfe der Geistigen Welt, deinen Engeln und deinem Seelenführer zu wandeln.

Bitte deine Engel, dich zu begleiten, und schaue, was das Bild, das dir gezeigt wurde, braucht, damit es sich positiv und kraftvoll jetzt und für alle Zeiten wandeln kann. Sieh, wie sich die alten Energien erlösen, befreien und in Liebe wandeln.

Alles, was wir mit Liebe, Heilung und Mitgefühl berühren, kann sich wandeln – zuerst innerlich, später auch äußerlich.

20. Türchen

20. DEZEMBER

Vorbereitung auf die Julnacht

Am Anfang war die Kugel.
Sie ist die Mutter aller Dinge.
Die Kugel ist die empfangende Form der Schöpfung.
In ihr ist alles enthalten.
Die Kugel steht für den Segen, die Weisheit, die Kraft
und das sich ewig erneuernde Leben. Sie symbolisiert den Samen.

Heute ist es Zeit, sich über den Weihnachtsbaum Gedanken zu machen, nach einem geeigneten Exemplar Ausschau zu halten und den Christbaumschmuck hervorzuholen.

Weihnachtskugeln sind Teil eines sehr alten Brauchs. Früher waren es Äpfel und Nüsse, die an die immergrünen Bäume gegeben wurden, als Dank für das vergangene Jahr, als Segen für die Gegenwart und als Geschenk an den Weg, der vor den Menschen lag. Der Vorläufer der Weihnachtskugel ist der Apfel, der später vergoldet und schließlich zur Weihnachtskugel wurde.

In der Julnacht können wir an unsere liebsten und nächststehenden Menschen selbst bemalte Weihnachtskugeln verschenken. Der Gestaltung sind keine Grenzen gesetzt. Besonders gut eignen sich Pinsel, goldenes Gutta oder Modellbaufarben. Wir können auch eine der wunderbar verzierten Kugeln aussuchen, die es auf den Weihnachtsmärkten gibt, und diese verschenken. Wir können diese Kugeln mit guten Wünschen aufladen, indem wir sie an unser Herz halten und einen segensvollen Wunsch hineingeben … oder diesen Herzenswunsch für die andere Person bei der Übergabe aussprechen. Was wünschen wir dem anderen von Herzen für seinen Lebensweg? Welche Symbole drücken diesen Wunsch aus? Verschenke an alle, die du liebst, eine Segenskugel. Du wirst sehen, dass es ein ganz anderes Gefühl ist, eine Kugel von einem geliebten Menschen am Baum zu haben. Die Farben der Kugeln spiegeln eine Symbolik wider:

Gold:	*Segen und Weisheit*
Silber:	*Intuition und innere Führung*
Weiß:	*Reinigung und Reinheit*
Orange:	*Lebensfreude und Kraft*
Rot:	*Tatkraft und Energie*
Gelb:	*Sonnenkraft und Licht*
Rosa:	*Vertrauen und Herzöffnung*
Blau:	*Schutz und Geborgenheit*
Grün:	*Heilung und Gesundheit*
Violett:	*Erlösung und Wandlung*

Übung

Schließe deine Augen. Konzentriere dich auf deine Atmung. Werde still. Nun lasse in deiner Vorstellung Segenskugeln entstehen. Lasse sie dorthin fliegen, wo es Segen, Heilung, Transformation braucht. Genieße dieses geistige Wirken. Wenn du unsicher bist, so übergib die Kugeln an deine Engel in der Gewissheit, dass sie alles segensvoll lenken und leiten.

Jul (Thomasnacht)

21. DEZEMBER

Wintersonnenwende
Geburt der unbesiegten Sonne

Wintersonnenwende –
Sonnenlicht das Leben spende.
Hoffnung, kehr zurück in unsere Stube.
Wende das Schicksal – beende die Nacht.
Sonne, hilf, dass unser Bewusstsein erwacht.
Sonne, scheine tief in uns hinein,
erhelle das ewige Licht im Herzensschrein.

Das Weihnachtsfest ist keine Erfindung des Christentums, sondern ein altes kosmisches Sonnenfest, das in vielen Kulturen auf unterschiedliche Weise gefeiert wird. Vor der Einführung des christlichen Weihnachtsfests feierte man an diesem Tag die Geburt vieler Gottessöhne. In Griechenland wurde die Geburt des Lichtgottes »Soter« gefeiert, die Syrer feierten »Thamuz« und im alten Römischen Reich wurde die Geburt des unbesiegbaren Sonnengottes »Mithras« gefeiert. In der alten keltischen Kultur galt dieser Tag als »die Geburt des Artus«.

Das Licht wird in der dunkelsten Nacht geboren.

Heute wird das Licht des neuen Morgens empfangen und im Schoß der Mutter gewiegt, bis es am 24. Dezember den Umschwung macht und sichtbar beginnt, über die Nacht zu siegen. Die Tage werden wieder länger, und die Nächte verkürzen sich. Zugleich ist die Wintersonnenwende das Datum des astronomischen Winteranfangs.

Die Sonne steigt aus der Tiefe hervor und gewinnt mit jedem Tag mehr an Kraft. Man feierte dieses Fest im Einklang mit Mutter Erde, um sie zu ehren und ihr zu danken.

Die Ahnen wurden geehrt und aufgesucht, damit sie den Segen für das neue Jahr gaben. Es wurde orakelt, geräuchert, gesegnet, Kugeln wurden an einen immergrünen Baum gehängt und Kerzen entzündet, um die »Wiederkehr des Lichts« und das »ewige Leben« zu feiern.

Unsere Ahnen suchten heilige Haine (Baumgruppen, die wie eine Kathedrale wirken) auf, um in Kontakt mit den geistigen Kräften zu kommen und die Erde zu segnen.

Das Christentum erklärte diese Nacht zur Thomasnacht. Der ungläubige Thomas gehörte zu den zwölf Aposteln. Diese Nacht ist mit vielen alten Riten und Bräuchen verbunden. In manchen Gemeinden beginnt ab der Thomasnacht ein zwölftägiges Glockengeläut, um die Geister und Dämonen auszutreiben.

Julnacht: »die Sonne um Mitternacht schauen«

Die Julnacht oder Thomasnacht gehört zu den Rauhnächten. An diesem Tag wird die Wohnung geräuchert, gereinigt und geputzt, der Weihnachtsbaum aufgestellt und geschmückt.

Am Abend werden alle Kerzen gelöscht, alle Lichter ausgemacht.

Man verweilt in der Dunkelheit bis Mitternacht und entzündet um Mitternacht das Jullicht oder draußen das Julfeuer, symbolisch für das Licht, das wiedergeboren wird und sich ewig erneuert. Mit dem Jullicht entzündet man sodann alle anderen Kerzen.

Man schenkt sich Kugeln (früher Äpfel) mit besonderen Segenswünschen, auf dass diese sich in der neuen Runde erfüllen, und man orakelt. In dieser Nacht werden die Jahresrune, der Jahresengel, die Jahreskarte gezogen.

Mit der Wiedergeburt des Lichts schaut man, was das neue Jahr bringen wird.

Tipps für die Julnacht

- Verbringe diese Nacht bewusst.
- Du kannst ein paar Freunde einladen oder dich mit ihnen treffen.
- Bereite dich darauf vor, indem du deine Wohnung räucherst und aufräumst.
- Stelle etwas für die Naturwelten hinaus (Körner, Milch …), und danke ihnen für die Fülle und den Segen im alten Jahr.
- Lege dir ein Orakel bereit, das du sehr liebst.
- Lösche das Licht, und warte bis Mitternacht.
- Dann entzünde eine Kerze.
- Ziehe deine Jahreskarte und/oder deine Jahresrune.
- Sende das neue Licht als Segenslicht in das gesamte vor dir liegende Jahr, in jeden Monat und in alles, was mit dir sichtbar oder verborgen verbunden ist.

4. Advent – die vierte Kerze brennt

Element Erde
Materialisation
Niederkunft – Ankunft
ES SEI

Der vierte Sonntag ist der Sonntag vor dem Heiligen Abend. Nun vollzieht sich der kosmische Akt.

Die vierte Kerze brennt.

Nach alter Tradition erlischt, wie anfangs gesagt, die letzte der vier Kerzen. Das innere Warten auf das bevorstehende Ereignis spitzt sich zu. Gottes Licht ist verhüllt, verborgen und unsichtbar. Es ruht in der Materie, Mater, in der Mutter. Sinnbildlich wird das Christuskind durch Maria geboren. Das Licht ist gut behütet im dunklen Schoß der Mutter. Wir können es nun in der dunkelsten Jahreszeit empfangen, wenn wir uns der Neugeburt des Lichts öffnen.

Wir treten mit dem Selbst, dem göttlichen Prinzip in unserem Herzen in Verbindung. Das innere Licht erneuert sich in der dunkelsten Nacht.

1. Advent

ICH BIN – Luft – Vision – Kraft im Inneren.

2. Advent

DU BIST – Wasser – Öffnung für die innere und die äußere Welt, für die Polarität – die Kraft, die sich öffnet und teilt.

3. Advent

WIR SIND – Feuer – Vitalität, Lebenswille, Lebenskraft, die in den neuen Keim einströmt.

4. Advent

ES SEI – Erde – Dunkelheit, Materie (Mater, Mutter), Materialisation. Das Licht wird in der Dunkelheit geboren. Inneres Erwachen, neues Bewusstsein strömt jetzt ein. Empfangen des neuen Lichts.

Adventsmeditation

Begib dich in die Dunkelheit, und werde still. Konzentriere dich auf das Einatmen und das Ausatmen. Vielleicht kannst du das innere Licht der Dunkelheit wahrnehmen.

Genieße die Stille, die Leere, den gegenwärtigen Augenblick.

Bitte nun den Engel der Weihnacht ganz nah an dich heran.

Fühle seine Gegenwart, und genieße sie. Bitte ihn, dich für die Ankunft des Lichts innerlich vorzubereiten. Lasse dir dafür zwanzig bis dreißig Minuten Zeit.

Vielleicht erhältst du ein neues Lichtgewand, eine neue Energie, ein Symbol, verweilst in der gegenwärtigen friedvollen Stille oder wirst gebeten, Altes in das Feuer zu geben, loszulassen und aufzulösen. Vielleicht bekommst du auch ganz praktische Anweisungen. Lasse einfach geschehen, was jetzt geschehen möchte.

Lausche mit all deinen Sinnen (Hören, Schmecken, Riechen, Fühlen und Sehen) der Botschaft des Weihnachtsengels.

Nach der Meditation wirst du fühlen, dass du jetzt für den bevorstehenden Augenblick bereit bist.

Bedanke dich, und wisse, es ist getan.

22. Türchen

22. DEZEMBER

Stillstand und Einheit
Die heilige Zeit hat begonnen.
Die Sternzeit

Die Sterne spielen im Dezember eine ganz besondere Rolle. Da es schon sehr früh dunkel ist, schauen wir, sobald wir draußen sind, wie von selbst zum Sternenhimmel. Zu allen Zeiten war der Blick in den Sternenhimmel wichtig, um bestimmte Ereignisse vorherzusagen, sich zu orientieren und über das Lebensmysterium zu staunen. Sterne bestimmen unser Schicksal. Jeder von uns ist unter einem bestimmten Stern geboren. Ein Sternenfeld, der Lichtkörper, die Merkaba umgibt uns.

In der »Zwischenzeit« zwischen Jul und Weihnacht ist es günstig, einen Blick in die Sterne zu werfen. Wer ein Astrologieprogramm hat, kann sich das Horoskop für das bevorstehende Jahr ausdrucken, einen Astrologen konsultieren oder einfach über das bevorstehende Schicksal meditieren.

Sternenmeditation

Nimm dir etwas Zeit. Konzentriere dich auf deine Gegenwart und deine Atmung. Fühle, wie neue Energie einströmt und verbrauchte Energie dein System verlässt. Konzentriere dich auf deinen Leitstern und auf das Jahr, das vor dir liegt.

Fühle, wie du nach oben in deine geistige Heimat gezogen wirst. Du fühlst den Sternenhimmel, das Universum um dich herum, und deine Engel bringen dich direkt zu deinem Stern, zu deiner geistigen Heimat.

Du fühlst, dass du jetzt nach Hause kommst.

Schaue dir deinen Stern an. Welche Farben hat er? Welche Landschaften findest du auf ihm? Welche Gerüche erreichen deine Sinne?

Eine alte weise Lehrerin/ein alter weiser Lehrer empfängt dich. Du freust dich über dieses Wiedersehen und verbringst einige Zeit auf deinem Stern. Du wirst jetzt vorbereitet auf das kommende Jahr.

Schaue, was dir gezeigt und gesagt wird, und fühle die Schwingung deiner Seele, die auf diesem Stern verankert ist.

Du kannst deine geistige Führung bitten, dir einen Blick zu gewähren. Vielleicht entsteht eine Ahnung, vielleicht nimmst du Bilder, Worte wahr, die dir in den Sinn kommen.

Bedanke dich, und frage, ob du etwas für sie tun kannst.

Dann fühle, wie du langsam wieder ganz in deinem Körper ankommst. Lasse zu, dass die neue Energie sich in jeder Zelle und in jedem Atom ausbreitet. Fühle, wie sie in diesem Moment ganz in dich einströmt. Notiere alles, was du empfängst.

Wenn du zurückkommst, kannst du ein positives Dankgebet oder eine Affirmation formulieren, die du in der nächsten Zeit immer wieder von Herzen sprechen wirst, um die empfangende Kraft stärker zu dir zu bringen.

Zu Weihnachten gehört es, die alten, krank machenden Bilder zu vertreiben und die Heilung durch das »unsagbare ewige Licht« geschehen zu lassen. Das göttliche Licht überstrahlt den irdischen Schein und hat die Kraft, alles zu wandeln.

23. Türchen

23. DEZEMBER

Zeitlosigkeit, Gegenwärtigkeit

Der fliegende Vogel hinterlässt am Himmel keine Spur.
Aus der Tiefe, der Stille, dem Nichts, dem nicht Offenbarten steigt etwas ganz Neues – ein reiner, noch nicht gelebter Lebensfunke, erfüllt mit dem ewigen Licht der Quelle.

Wir befinden uns immer noch in der Periode des Umschwungs. In alten Zeiten dauerte das Julfest drei Tage. Man bewegte sich links herum in das Zentrum einer Spirale und hielt in der Mitte, im Zentrum, inne. Man wartete zusammengekauert, gleichzeitig sterbend und neu werdend im Zentrum, in dem Raum dazwischen. Der neue Funke erstrahlt in der Tiefe.

Das bewusste Erreichen der Auszeit, die zwischen dem Moment des Ausatmens und des Einatmens liegt, ist die Pause, in der der schöpferische Impuls liegt, der Lebensfunke, den man mit dem nächsten Einatmen in sich aufnimmt. Dies ist die kostbare Lücke, aus der heraus das neue Werden geboren wird. Rechtsherum beginnt mit dem 25. Dezember die langsame Bewegung wieder in das Außen. Alles, was dazwischen geschieht, offenbart den neuen Geist.

Wir befinden uns in dem leeren Raum zwischen Einatmen und Ausatmen. Fühle diesen heiligen Raum. Dies ist eine gute Gelegenheit, den Raum des Herzens zu betreten. Was vergangen ist, ist nun unwirklich. Was kommt, ist noch nicht da. Der gegenwärtige Augenblick ist alles, was zählt. Sei heute ganz in der Gegenwart. Sei ganz bereit, dich dem Moment, der Gegenwart, zu öffnen und den gegenwärtigen Augenblick zu empfangen.

Halte mehrfach am Tag inne, und sprich laut »Jetzt«. Halte an, und öffne dich dort, wo du gerade bist. Nimm alles mit deinen Sinnen bewusst und gegenwärtig wahr. Dann fahre fort mit den Tagesaktivitäten, Festtags- und Weihnachtsvorbereitungen. Das Einzige, was du hast, ist der gegenwärtige Augenblick. Sei dir dessen heute bewusst.

In dem Zwischenraum kannst du die Botschaft für das neue Werden empfangen. Unzählige Orakeltechniken können dir dabei helfen.

EINE ALTE ORAKELTECHNIK

Lege zwölf (goldene) Nüsse für jeweils einen Monat vor dich hin. Nun schreibe dir die Monate von Januar bis Dezember für das neue Jahr auf. Knacke eine Nuss nach der anderen, und schaue, wie sie aussieht, welche Bilder und Gefühle sie in dir hochbringt, und schreibe es dir auf.

Immergrüne Pflanzen erinnern uns an die stetig fließende Lebenskraft in allem. Betrachte das Immergrün, und besinne dich auf die Lebenskraft in dir, die beständig mit jedem Atemzug in dich hineinströmt. Gold und Silber sind der Segen von Sonne und Mond.

Heiligabend

24. DEZEMBER

Die endgültige Wende

Wäre Christus tausendmal in Bethlehem geboren
und nicht in dir, du bliebst doch ewiglich verloren.
(Angelus Silesius)

Auf drei vollzieht sich der Umschwung der Erdachse und das Kind (das Licht) ist geboren.

Der Geburt Christi wurde nicht immer am 24. Dezember gedacht. Sie wurde um 350 auf den 24./25. Dezember festgelegt. Davor gab es 136 verschiedene Daten, an denen Christi Geburt gefeiert wurde. Die Geburt Christi steht für Hoffnung, Wiederkehr und Erlösung.

Im Osten steigt das Sternbild Jungfrau empor. In dem Augenblick, in dem die Jungfrau ihre Füße auf den Horizont setzt, weiß man, dass die Sonne wieder aufwärtssteigt und damit der Welt ein neues Leben beschert.

Symbolisch für die neugeborene Sonne, die wieder Licht in die Dunkelheit bringt, wurde die Geburt Jesu auf diesen Zeitpunkt gelegt. Sein Geburtsort in einer Höhle oder in einem Stall symbolisiert den Erdmutterschoß, Mutter Maria das weibliche Prinzip, Josef das männliche Prinzip, die Hirten das offene Herz, die Engel das Licht der Quelle. Die Heiligen Drei Könige stehen für die Erkenntnis und den Aufbruch in eine neue Zeit. Sie wandern während der Rauhnächte zum Stall, um das Christuskind zu segnen. Der 6. Januar ist das Datum, an dem sie und ihre Anbetung des Christuskindes gefeiert werden.

Es heißt in der Weihnachtsgeschichte: *Heute* ist euch der Heiland geboren … Wir feiern heute dieses zeitlose Muster der Wiedergeburt des Sonnensohnes und der Wiedergeburt des Lichts in uns. Es gibt eine Wahrheit hinter der sichtbaren Form, von der wir heute an diesem Tag berührt werden können. Das neue, in uns eingegangene Licht aus der Quelle beginnt, seine Kraft zu entfalten.

Lasse dich vom neugeborenen Lichtkind berühren. Es soll dich an das Lichtkind in dir erinnern. Du bist ein Kind von Vater Sonne und Mutter Erde. Du bist ein Kind Gottes.

Fühle die Flamme, das Licht der Ewigkeit in deinem Herzen. Es wird heute neue Kraft gewinnen und sich auf eine neue Runde im Lebenszyklus vorbereiten.

Heute wird gefeiert. Weihnachten ist ein Fest der Liebe. Die Liebe erneuert sich in uns, in unseren Beziehungen zu uns selbst, zu unseren Mitmenschen und zur Schöpfung. Genieße die Feiertage und die Feierlichkeiten, so, wie sie für dich üblich und gut sind. Singe, lobe, preise und liebe das Leben mit allem, was es uns bietet.

Mache diese Tage zu einem ganz besonderen Ereignis.

Bei uns gibt es ein »Christkindsbuch«, in dem für jeden in einem Brief seine positiven Fähigkeiten, seine guten Seiten, seine Verbesserungen und Stärken aufgeschrieben sind. Diese werden laut vorgelesen, zum Beispiel:

Liebe/-r ... (Name),
du hast in diesem Jahr große Schritte gemacht. Dein Lachen hat die Räume mit goldenem Klang erfüllt und viele Menschen angesteckt. Du hast dies und jenes super gemeistert … Es ist schön, dass es DICH gibt.

Beachte die Geschenke, und genieße die Segenswünsche. Sie haben auch einen symbolischen Gehalt mit Botschaften für das neue Jahr. Bedenke, Zufälle gibt es nicht. Ein Zufall ist das, was dir zufallen soll. Genieße das Zusammensein, das Schenken und Beschenktwerden.

Ein kurzer Blick in die Welt

Jede Region, jedes Land feiert auf andere Weise Weihnachten. Es gibt viele Arten, Weihnachten zu feiern. Hier ein ganz kurzer Einblick in anderer Länder Sitten und Gebräuche. Vielleicht findest du ja die eine oder andere Anregung.

AUSTRALIEN

In Australien ist Sommerzeit, die Schulen sind geschlossen. Es wird im Freien oft am Strand ein großes Truthahn-Picknick veranstaltet. Man entzündet ein Lagerfeuer, singt Weihnachtslieder. Die Geschenke gibt es am Morgen des 25. Dezember.

DÄNEMARK

Lillejulaften feiert man in Dänemark am 23. Dezember. Es gibt Milchreis, in dem eine Mandel versteckt ist. Wer sie findet, bekommt ein kleines Geschenk und hat im nächsten Jahr Glück.

ENGLAND

Engländer feiern ähnlich wie wir. Sie verschicken jedes Jahr Millionen von Weihnachtskarten. Karten, die man bekommt, werden über dem Kamin aufgehängt. Die Geschenke bringt Father Christmas in der Nacht vom 24. auf den 25. Dezember. Man packt sie morgens aus.

ESTLAND

In Estland beschenken die Gnome die Kinder mit Süßigkeiten und Früchten. Besen werden besonders gründlich gereinigt und verwendet, um die Stube zu reinigen.

GRIECHENLAND

In Griechenland ziehen die Kinder mit Trommeln und Glocken singend und lobpreisend durch die Straßen und erhalten Geschenke. Ab dem 24. Dezember werden zwölf Nächte lang kleine Weihnachtsfeuer zum Schutz vor Kobolden entzündet. In der Nacht zum 1. Januar legt der heilige Vassilius Geschenke vor das Bett der Kinder. Der Höhepunkt des Weihnachtsfestes ist der 6. Januar.

ITALIEN

In Italien gibt es zu Weihnachten meist Fisch. Die Krippen werden wunderschön geschmückt. Am 6. Januar bringt Befana, eine Fee oder Weihnachtsfrau, Süßigkeiten und Geschenke für die Kinder. Es wird ein Familienlotto veranstaltet. Jeder zieht aus einem Säckchen eine Nummer, die ihm sein Geschenk zuweist.

POLEN

In Polen schaut man an Heiligabend in den Sternenhimmel. Sobald jemand den ersten Stern, Gwiazdka, am Himmel entdeckt, werden Segenswünsche verteilt. Ansonsten ist es ähnlich wie hier.

SCHWEDEN

Weihnachten wird ganz groß gefeiert. Man beginnt am 1. Advent und endet erst am 13. Januar. Am Luciatag, dem 13. Dezember, wird das Licht gefeiert. Jeder Ort hat eine andere Luciabraut und jedes Jahr darf es ein anderes Mädchen sein. Große Lichtumzüge finden statt. Jultome, der Weihnachtsmann bringt am ersten Weihnachtstag die Geschenke. Der zweite Weihnachtstag wird als Weihnachtsparty mit Freunden und Familie gefeiert.

SPANIEN

In Spanien finden die Hauptfeierlichkeiten zwischen dem 24. Dezember und dem 6. Januar statt. Vielerorts kommt der Olentzereo (Köhler) aus den Bergen ins Dorf und wird von den Einwohnern geehrt und auf der Schulter getragen. Es finden heilige Messen und Weihnachtsaufführungen statt.

USA/KANADA

In den USA und in Kanada vermischen sich die unterschiedlichsten Weihnachtsbräuche miteinander, weil dort Menschen aus der ganzen Welt leben. In der Nacht vom 24. auf den 25. Dezember kommt Santa Claus durch den Kamin und füllt die dort aufgehängten Strümpfe.

Weihnachten

25. DEZEMBER

Rauhnächte

Ein Jahr aus zwölf Mondmonaten umfasst 354 Tage.

Bis zu den 365 Tagen des Sonnenjahres fehlen elf Nächte. Diese elf bis zwölf Nächte werden Rauhnächte genannt und fallen in diese Zwischenzeit. Sie gelten als mystisch und magisch. In diesen Nächten wird das Schicksal neu ausgehandelt, die Zukunft beschworen. Das Naturgeistervolk zieht aus, um in diesen Nächten die Kräfte neu zu weben und zu verändern.

In den meisten Regionen beginnen die Rauhnächte in der Nacht von Heiligabend (24. auf 25. Dezember) und enden mit der Nacht zum Dreikönigstag am 6. Januar.

Es gibt aber auch andere Zeiträume, etwa von der Nacht vom 21. auf den 22. Dezember, der Julnacht, bis zwei Tage nach Jahreswechsel.

Ab jetzt kannst du ein Rauhnachttagebuch führen und alles, was in den nächsten zwölf Tagen geschieht, aufschreiben.

Jede Nacht steht für einen Monat im neuen Jahr.

Beachte die Zeichen am Tag und die Träume in der Nacht.

Der Lichtsame, der in der Weihnachtszeit empfangen wurde, enthält schon alles in sich, was sich in dem kommenden Jahr offenbaren wird.

Hier die Rauhnächte im Überblick:

Januar	*Nacht vom 24. auf den 25. Dezember*
Februar	*Nacht vom 25. auf den 26. Dezember*
März	*Nacht vom 26. auf den 27. Dezember*
April	*Nacht vom 27. auf den 28. Dezember*
Mai	*Nacht vom 28. auf den 29. Dezember*
Juni	*Nacht vom 29. auf den 30. Dezember*
Juli	*Nacht vom 30. auf den 31. Dezember*
August	*Silvesternacht vom 31. Dezember auf den 1. Januar*
September	*Nacht vom 1. auf den 2. Januar*
Oktober	*Nacht vom 2. auf den 3. Januar*
November	*Nacht vom 3. auf den 4. Januar*
Dezember	*Nacht vom 4. auf den 5. Januar*
Dreikönigsnacht	*Nacht der Wunder, vom 5. auf den 6. Januar*

WANN ENDET DIE WEIHNACHTSZEIT?

Die Weihnachtszeit beginnt mit dem Advent, der Vorweihnachtszeit, hat ihren Höhepunkt in der Wiedergeburt des Lichts und ihren Nachklang in den Rauhnächten, in denen der neu empfangene Lichtsame schon Teile seines Wirkens preisgibt. Sie endet für manche nach dem 26. Dezember und für manche mit dem 6. Januar oder sogar erst Mitte Januar.

Für mich persönlich endet sie am 6. Januar, und gleichzeitig trägt mich alles, was ich in dieser Zeit empfangen habe, durch das ganze Jahr.

Die Weihnachtszeit ist eine geweihte, heilige Zeit. Weihnachten ist ein Fest der Liebe und des Lichts. Wenn wir diese Zeit bewusst erleben, können wir unser Leben sinnerfüllt und selbstbewusst gestalten. Wir schreiten bewusst durch die Spirale des Lebens im Einklang mit der Schöpfung, die uns trägt und versorgt, wenn wir uns ihr öffnen.

Weihnachten ist ein Fest, um Bindungen zu stärken und zu erneuern, Danke zu sagen an all die, die uns laut oder leiser durch das Jahr begleitet haben, eine Zeit der Öffnung, um das Wesen im Inneren zu begreifen.

Feiern wir dieses einzigartige Leben, das uns mit jedem Tag neu geschenkt wird, tanzen wir im Reigen mit der Schöpfung. Das Leben ist ein einzigartiges Geschenk und bietet uns viele Gelegenheiten, Herausforderungen und Freuden.

Viel Segen für euch in der neuen Runde

Alles (ist) Liebe,
Jeanne Ruland

Die Weihnachts-Checkliste

PLANUNG

- Liste für Weihnachtspost
- Liste aller Menschen, denen man in diesem Jahr noch Danke sagen möchte
- Wer hat mich durch das Jahr begleitet?
- Welche Begegnung war von besonderer Bedeutung?
- Welchen Kunden möchte ich gerne einen Weihnachtsgruß senden?
- Eine kleine Aufmerksamkeit vorbereiten
- Wer bekommt eine Weihnachtskarte?
- Wer bekommt eine Weihnachts-E-Mail?
- Wer bekommt einen Weihnachtsbrief?
- Briefe eine Woche vor Weihnachten abschicken
- Wenn die Karte am PC erstellt wird, dies rechtzeitig tun, damit sie in der benötigten Stückzahl gedruckt werden kann
- Weihnachts- und Neujahrsgruß verbinden
- Wer bekommt ein Päckchen?
- Päckchen ca. zwei Wochen vor Weihnachten versenden

GESCHENKPAPIER

- Geschenkpapier in verschiedenen Farben
- Bänder, Tesafilm, Schleifen, Aufkleber
- Bei Geschenken: Preisschild entfernen, auf Vollständigkeit überprüfen, evtl. Batterien dazu kaufen
- Einkaufsliste für die Festtagsessen zusammenstellen
- Kleine Aufmerksamkeiten bereitstellen für die Bäckerin, den Müllmann, den Briefträger … z. B. ein Teelicht, einen Stern, eine Engelkarte, eine Christbaumkugel mit Segenswünschen oder Kerze mit guten Wünschen vorbereiten

WEIHNACHTSFEIERTAGE PLANEN UND GESTALTEN

- Sich ein paar Punkte überlegen, wie man die Festtage festlich gestalten kann
- Organisieren, wer was zum Essen oder zum Trinken für das Büffet mitbringt
- Liederbücher
- Musikinstrumente
- Orakelkarten oder Jahresrunen
- Jeder soll einen Überraschungspunkt für das Christkind vorbereiten, (Lied, Gedicht, Spiel, Dank, Gebet)
- Einen kleinen Text vorbereiten, in dem man die guten Taten und guten Seiten, die positiven Entwicklungen und Episoden, die man in diesem Jahr beobachtet und miterlebt hat, besonders hervorhebt und vorliest; Kinder lieben dies, und es tut allen gut.
- Spiele vorbereiten, die alle gerne spielen

- Wichteln: jeder packt beispielsweise drei Geschenke ein, Gegenstände, die er zu Hause hat und nicht mehr braucht; dann wird der Gabentisch gedeckt, der aus den mitgebrachten Geschenken besteht; ein Würfel geht herum, und bei sechs darf man ein Geschenk öffnen und die anderen schauen zu
- Einen Kirchenbesuch unternehmen
- Nachtwanderung mit Fackeln
- Den besten Tag des vergangenen Jahres wählen
- Den Tag mit dem größten Segen wählen
- Die größte Herausforderung, die man im vergangenen Jahr meistern konnte, benennen
- Theater, Weihnachtsmeditation, Konzert oder Kino (Karten vorher besorgen oder einen Weihnachtsfilm ausleihen)
- Silvestervorbereitungen treffen
- Einen Winterurlaub planen

NOCH EIN PAAR GESCHENKIDEEN

- Massagegutschein
- Mondscheinsaunabesuch
- Candle-Light-Dinner zu zweit
- Ausflug an einen besonderen Ort
- Notizbüchlein für die Rauhnächte
- Einen besonderen Preis oder Ehrung (z. B. »Oskar für die beste Frau …«, »Zeit für Dich«)
- Fotos, schöne Erinnerungen aus dem Jahr zusammenstellen
- Persönliche Worte

SEGENSWÜNSCHE

Mögest du glücklich sein.

Möge der goldene Regen des Segens dich einhüllen.

Mögest du gesund und fröhlich sein.

Mögest du mit Leichtigkeit und Freude in eine neue Runde gehen.

Mögest du frei von Kummer, Sorgen und Gefahren sein.

Möge das Glück sich für dich mehren.

Mögest du viele lichtvolle Zeiten verbringen.

Möge deine Freude anhalten.

Mögest du die Situation so annehmen, wie sie ist, und das Allerbeste daraus machen.

Mögest du offen und ausgeglichen sein.

Möge die Harmonie und Freude sich in deinem Leben entfalten.

Mögest du Frieden und Gleichmut in dir finden.

Mögest du unter den Flügeln der Engel geborgen sein.

Mögest du dich allzeit geliebt und geborgen fühlen.

Mögest du sicher durch das neue Jahr kommen.

Mögest du Wohlstand und Fülle erfahren.

Mögest du immer gegenwärtig sein und die Kraft des Augenblicks genießen.

Mögest du die Feste voller Freude im Kreise deiner Lieben feiern.

Mögest du die Liebe fühlen, die für dich da ist.

Über die Autorin

Jeanne Ruland

ist Bestseller-Autorin im Schirner Verlag. Sie ist Mutter von drei Kindern, Engelmedium, Huna-Lehrerin, Seminarleiterin und internationale Reiseleiterin für spirituelle Reisen zu den verschiedensten Themen. Sie unterrichtet Natur-, Engel-, Strahlen- und Meisterlehren, Huna und Heilige Geometrie.

Weitere Informationen zur Autorin finden Sie unter:
www.shantila.de

Bildnachweis

Bilder von der Bilddatenbank www.shutterstock.com

Umschlag: #114319459 (©Gudrun Muenz), #155347775 (©kalmil), #156590378 (©elenka_a), #318842141 (©Pasko Maksim), #363390431 (©Vasyandia), #431920315 (©ollen)
Vor- und Nachsatz: #318842141 (©Pasko Maksim), #114319459 (©Gudrun Muenz), #156590378 (©elenka_a)
Wiederkehrende Schmuckelemente auf den Innenseiten: Lichthintergrund: #232697392 (©AKaiser), Ornament-Hintergrund: #101088853 (©RoboLab), Glitzerhintergrund: #114319459 (©Gudrun Muenz), Glitzerkreis: #318842141 (©Pasko Maksim),Glitzerhintergrund (rosa): #488682844 (©tomertu), Schneeflocke (Hintergrund): #326415833 (©ziashusha), Hintergrund (Schneeflocken, Sterne): #156590378 (©elenka_a), Hintergrund (gold): #431920315 (©ollen), Flügel: #363390431 (©Vasyandia), Sternrahmen: #224965621 (©Hans-Joerg Nisch), Winter-Ornament: #155347775 (©kalmil), Weihnachtskugeln: #150783554 (©alicedaniel), Vintage-Design-Elemente: #69575776 (©Extezy)
Weitere Bilder: S. 9 #533903998 (©©Maleo), S. 11 #506649109 (©©rawf8), S. 12/127/128 #520929466 (©©Standret), S. 13 #111893096 (©Gladskikh Tatiana), S. 14/17/18 #41766643 (©Uguntina), S. 15 #540969862 (©Roman Mikhailiuk), S. 19 #112774264 (©Marina Grau), S. 19/70 #527723503 (©LilKar), #228338602 (©Bernhard Lux), S. 22 #479811901 (©morrowlight), S. 22-23 #66564883 (©Lukiyanova Natalia frenta), S. 23 #531397726 (©sunshiny), S. 24 #526951837 (©Swetlana Wall), S. 26 #66327418 (©Gyorgy Barna), #64827871 (©Lotus_studio), S. 26/112-113 #35974543 (©Ambient Ideas), S. 27 #480443065 (©Mahony), S. 27/39 #66689839 (©rodho), S. 28 #104344613 (©martascz), S. 29 #518985670 (©Gita Kulinitch Studio), S. 30 #16921765 (©KMNPhoto), S. 32/121 #66369121 (©Anteromite), S. 33 #518298424 (©vulcano), S. 34/68 #524011267 (©Marina Zezelina), S. 35 #237470239 (©Anna Om), S. 36 #174585302 (©578foot), S. 37 #533677201 (©A-Star), #59954059 (©ajt), S. 38 #160987172 (©Myimagine), #155297897 (©Anna Chelnokova), #238383931 (©Anna Om), S. 40 #523601359 (©Zoom Team), S. 41 #386974933 (©fotosutra), S. 41-43/101

#371474536 (©vicgmyr), S. 42-43 #162387626 (©Gunnar Assmy), S. 44 #383626786 (©Anna Om), S. 44-46/110 #161921309 (©Ori Artiste), S. 45-46 #352886504 (©Shutova Elena), S. 46 #52549792 (©Zvonimir Atletic), S. 47 #237560167 (©Subbotina Anna), S. 47-49 #321828788 (©Pasko Maksim), S. 48 #342493475 (©SP-Photo), S. 49 #76606393 (©Olga Popova), S. 50 #89457538 (©Kiselev Andrey Valerevich), S. 52 #320291675 (©Senoldo), #332045564 (©pinkomelet), S. 53 #531184048 (©vulcano), S. 54 #163738229 (©Shebeko), S. 56 #59893324 (©Bas Meelker), S. 58 #522416173 (©Konstantin Aksenov), S. 59 #524280124 (©Konstantin Aksenov), S. 60 #529391656 (©Konstantin Aksenov), S. 62-63 #75257152 (©thaagoon), S. 64 #502044061 (©Tim UR), S. 64-65 #117714022 (©Yuzach), S. 65 #562103701 (©Belight), S. 66 #232441777 (©melis), S. 66-67 #495439453 (©Saibarakova Ilona), S. 67 #563201713 (©Dieter Hawlan), S. 69 #71647900 (©Rustic), S. 70 #526144201 (©Angyalosi Beata), S. 71 #76547899 (©Anteromite), #114271105 (©SmileStudio), S. 72 #91349186 (©Gts), S. 73 #230227600 (©everst), S. 73/74 #505801969 (©Olga Gorchichko), S. 76 #534874867 (©Elesey), S. 77 #621710960 (©PopTika), S. 79 #517336852 (©vulcano), S. 81 #523412848 (©Lenor Ko), S. 81-82 #121778431 (©Fears), S. 82 #237926500 (©Fotomay), S. 83-84 #115857820 (©Nella), S. 85 #160283171 (©Elena Pominova), S. 86 #236751724 (©pixelliebe), S. 86/88 #65977957 (©Ozerina Anna), S. 87 #494533639 (©Diliana Nikolova), S. 88 #239801068 (©Domnina Vasylina), S. 89 #535256221 (©Standret), S. 90 #520926004 (©Standret), #114319459 (©Gudrun Muenz), S. 91 #59777647 (©Katerina Kirilova), S. 92 #152699099 (©fotoknips), S. 93 #116890933 (©StockLite), S. 93-94 #120289423 (©melis), S. 94 #65797204 (©Phant), S. 95 #163708181 (©JL-Pfeifer), S. 96 #104850146 (©Zerseu), #197675591 (©CHAINFOTO24), #212152264 (©Igor Zh.), S. 99 #118199215 (©gadag), #212152264 (©Igor Zh.), S. 100 #522653107 (©kuvona), S. 102 #532000861 (©Swetlana Wall), S. 103 #343157201 (©verca), S. 105 #140333320 (©Photosani), S. 106 #332751677 (©Mariya Leonenko), S. 107 #242268280 (©Rachata Sinthopachakul), S. 108 #109992131 (©Gladskikh Tatiana), S. 108-109 #508708192 (©S_Photo), S. 110 #88775089 (©Wolfilser), S. 111 #78188365 (©CGissemann), S. 113 #512582134 (©S_Photo), S. 114-115 #520826827 (©Batkova Elena), S. 117 #329497079 (©stockcreations), S. 117/119 #66813595 (©Konstanttin), S. 118 #520173310 (©Konstanttin), S. 122 #231926389 (©Bildagentur Zoonar GmbH)